OTTO RUHSAM · CHRISTIAN HOFSTADLER
FREISTADT

VERLAG ANTON PUSTET

OTTO RUHSAM · CHRISTIAN HOFSTADLER

FREISTADT

Impressum

Bibliografische Information der Deutschen Nationalbibliothek
Die Deutsche Nationalbibliothek verzeichnet diese Publikation
in der Deutschen Nationalbibliografie; detaillierte bibliografische
Daten sind im Internet über http://dnb.d-nb.de abrufbar.

© 2013 Verlag Anton Pustet
5020 Salzburg, Bergstraße 12
Sämtliche Rechte vorbehalten.

Text und Konzept: Otto Ruhsam
Alle Fotografien von Christian Hofstadler
außer: S. 83 (Otto Ruhsam), S. 191 (Schlossmuseum Freistadt)
Umschlagbild: Das Linzertor in Freistadt (Oberösterreich)

Grafik, Satz und Produktion: Tanja Kühnel
Lektorat: Anja Zachhuber
Übersetzung ins Tschechische: Renata Jachs
Druck: Druckerei Theiss, St. Stefan im Lavanttal
Gedruckt in Österreich

ISBN 978-3-7025-0696-4

www.pustet.at

Mehr Informationen über Freistadt
unter www.pustet.at/freistadt/

Mit freundlicher Unterstützung der
Direktion Kultur Land Oberösterreich

 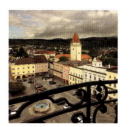 

Inhalt

9 Vorwort

11 Von der Siedlung am Nordwald zum Handelszentrum

   Schutzgürtel über Jahrhunderte: Stadtgraben, Zwinger, Stadtmauer
   Das Linzertor – ein imposanter Eingang in die Stadt
   Das Böhmertor – ein monumentales Bollwerk gegen Norden
   Das Schloss der Herrschaft Freistadt
   Der Salzhof – das wohl älteste Bauwerk Freistadts

47 Der Hauptplatz – Stadt- und Marktzentrum

   Gericht und Altes Rathaus
   Ein Gotteshaus für die aufstrebende Stadt am Nordwald
   Das Stiftungswesen – vom Umgang mit Armut und Krankheit
   Immer wieder Schutt und Asche
   Innsbrucker Dächer in Freistadt?!

89 Häuser und Fassaden

   Das Piaristenhaus – die einstmals fromme Schule am Hauptplatz
   Ein Bürgerhaus mit spektakulärer Renaissance-Fassade, Hauptplatz 2
   Das Haus am Hauptplatz 3
   Die Häuser Hauptplatz 9 und 10 – eine Augenweide
   Das Haus am Hauptplatz 12
   Das Haus am Hauptplatz 14
   Die Apotheke, Haus Hauptplatz 16
   Das Haus in der Samtgasse 2

    Das Haus in der Böhmergasse 4
    Das Haus in der Böhmergasse 9
    Gasthof Goldener Hirsch, die Häuser Böhmergasse 8 und 10
    Eckhaus Pfarrgasse 12 – Waaggasse 2
    Das Tschinkl-Haus, Waaggasse 13
    Die Kupferschmiede in der Pfarrgasse 13
    Die Alte Stadtschmiede in der Heiligengeistgasse 22

129 Plätze und Gassen …

    Der Dechanthof und sein Umfeld
    Die Gassen
    Höfe und Durchgänge
    Sorglose Entsorgung – die »Reihen« als Plumpsklo und Müllschlucker
    Nostalgisches unter altem Gebälk – die Dachböden
    Wiederentdeckte Kellerkultur
    Rotschopf, Bock und Zwickl – Braurecht seit 1363
    Der Schatz vom Fuchsenhof
    Das Stadtarchiv

163 Hinter Mauern und Fassaden

187 Anhang

    Dank
    Literatur
    Stadtplan

Vorwort

Inmitten der hügeligen Landschaft des Mühlviertels liegt die kleine ehrwürdige Stadt Freistadt geschützt von Stadtgraben und Ringmauer. Wer die Stadtbefestigung passiert, taucht in eine Welt ein, deren Bauwerke vom Mittelalter geprägt und deren Fassaden von den nachfolgenden Epochen Renaissance, Barock und Rokoko eindrucksvoll weitergeformt wurden.

Diesem Äußeren, dieser Gestalt der Stadt, haben wir besonderes Augenmerk geschenkt, ist doch hier auf engstem Raum über acht Jahrhunderte Stadtbaukunst vom Feinsten entstanden. Aber uns hat auch das Dahinter, das stilvolle Innere der Häuser, das Leben in so altem Gemäuer, das Darüber, das Versteckte, insbesondere auch das Darunter interessiert und neben der Geschichte auch die Geschichten der Stadt.

Freistadt war stark und die Stadtbefestigung für seine Feinde unüberwindlich. Einzig 1626, im oberösterreichischen Bauernkrieg, konnten Belagerer in die Stadt eindringen. Nach der Arbeit an diesem Buch wissen wir, wie sie sich gefühlt haben müssen. Uns ist Ähnliches gelungen, wir haben Freistadt erobert, auf unsere Weise.

Es war hoch an der Zeit, ein wenig Aufhebens zu machen um diese Stadt, die ein so bescheidenes Dornröschendasein führt. Wir glauben, das ist uns mit diesem Buch gelungen.

O.R. und C.H.

Der Bindenschild der Babenberger, gleichzeitig das Stadtwappen.

Von der Siedlung am Nordwald zum Handelszentrum

Wann genau entstand Freistadt? Schon lange befasst man sich mit dieser Frage und konnte doch noch keine eindeutige Antwort darauf finden. Seit der Steinzeit besiedelt war ein etwa 15 Kilometer breiter Streifen nördlich der Donau, im Bereich des Machlandes und insbesondere der Raum des Gallneukirchner Beckens – das beweisen zahlreiche prähistorische Funde. Das nördlich davon gelegene Waldgebiet war dicht, aber sicher nicht undurchdringlich, jedenfalls aber eine Herausforderung für Händler – und erst recht für Siedler. Hier, an der Salzstraße, an einem der uralten Handelswege von der Donau nach Böhmen, wo schon seit ewigen Zeiten Händler und Säumer noch einmal Kraft tankten, bevor sie die riesigen Nordwälder durchquerten, muss es schon sehr früh eine Ansiedlung gegeben haben.

Salzstraße, Salzgasse, Salzhof …

Erst die »Raffelstetter Zollordnung« von 905 gibt uns genauer Auskunft, wer die Händler waren und womit sie von der Donau nach Böhmen (und umgekehrt) handelten. Der Salzhandel spielte eine große Rolle und wurde – neben Eisen – im Hoch- und Spätmittelalter und auch in der Neuzeit das Produkt schlechthin, das dem Mühlviertel und insbesondere Freistadt einen enormen Entwicklungsschub, aber auch Auseinandersetzungen brachte.

Anhand topografischer Beobachtungen und der Flurnamenforschung lässt sich als ältester Kern des späteren Freistadt eine nicht-städtische Vorgängersiedlung im Bereich der heutigen Salzgasse annehmen. Deren Zentrum war die Alte Burg (heute Salzhof) mit der Siedlung Prägarten (slawisch: »vor der Burg«). Weiters gab es die an der Feldaist gelegene Ansiedlung Zaglau (Opll: Städteatlas Freistadt).

Handelsprivileg und Schutzbastion

Diese Siedlung hat sich – obwohl rund um die ursprüngliche Gründung der Stadt einiges im Dunkeln liegt – nicht kontinuierlich zur Stadt entwickelt, sondern ist nach neuesten

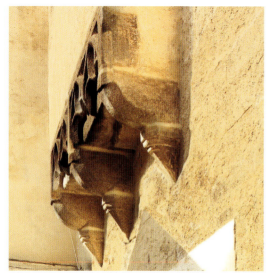

Oben: Innenhof im Haus Hauptplatz 3.
Unten: Erker im Lichthof im Haus Hauptplatz 13.

Forschungen Anfang des 13. Jahrhunderts entworfen worden. Ziel war es, an dieser alten Handelsstraße mit ihren vielen kleinen Umschlagplätzen einen gesicherten und zentralen Handelsplatz entstehen zu lassen und gleichzeitig ein Bollwerk gegen Böhmen zu errichten. Es kursieren Namen, Jahreszahlen, aber es gibt keine Gründungsurkunde. Viele Aufzeichnungen sind im Lauf der ersten, unruhigen Zeiten verschwunden – die entworfenen Szenarien von der Entstehung Freistadts stehen daher auf wackeligen Beinen.

Die Machländer-Theorie

Die Theorie, dass Otto von Machland (1125–1149) Freistadt gegründet haben soll, verdanken wir einer mündlichen Überlieferung, die ein Stadtschreiber erst viel später – nämlich im Jahr 1527 – verewigte: *Erstlich sollen si anzaigen, nachdem der flecken, darauf die Freinstatt gepaut, ain wildnus und walt gewest ...* (Nößlböck: Entstehung). Die Überlieferung ist überaus bemerkenswert, die darin enthaltenen Details standen zum damaligen Zeitpunkt (1924) außer Zweifel, daher konnte sich diese Theorie auch besonders lange halten.

Noch 1950 beginnt der bekannte Heimatforscher Georg Grüll einen Artikel mit folgender Aussage: *Von der Gründung dieser »Stadt der Freien« durch den Machländer in der ersten Hälfte des 12. Jahrhunderts bis zur Verleihung des für sie so bedeutungsvollen Niederlagsrechtes durch König Rudolf von Habsburg im Jahre 1277, durchlief die Stadt alle Stufen der Entwicklung zur Handelsstadt am Walde nahe der Grenze* (Grüll: Stadtrichter).

Die Machländer-Theorie wurde aber schon in den 1950er-Jahren in Zweifel gezogen. Ausschlaggebend waren die Forschungsergebnisse von Adalbert Klaar. Seiner wissenschaftlichen Stadtplanforschung zufolge, kann Freistadt mit diesem Grundriss erst im 13. Jahrhundert entstanden sein, das würden Vergleiche mit anderen Städten, deren Gründungsjahr bekannt ist, belegen.

Seither ging man davon aus, dass der Stadtgrundriss Freistadts frühestens aus der ersten Hälfte des 13. Jahrhunderts stammen könne. Allerdings gibt es keinerlei stadtarchäologische Forschungen, die diese These untermauern (Just: Frühgeschichte). Zumindest bisher, denn Funde aus 2012 festigen die Annahme der Gründung zu Beginn des 13. Jahrhunderts (siehe Seite 82).
Gegen die Machländer-Theorie spricht aber nicht nur der erst für das 13. Jahrhundert typische Stadtgrundriss, sondern außerdem noch folgende Überlieferung: *Im Jahr 1142 schenkte König Konrad III. dem Kloster Garsten 400 Mansen zwischen Aist und Jaunitz.* Hätte es Freistadt damals schon gegeben, es wäre genannt worden. Immerhin gab es zu diesem Zeitpunkt schon – urkundlich belegt – Orte wie Lasberg, Gutau, Neumarkt und weitere. Opll (1991) wiederum vermutet, dass es dabei nur um die Alte Burg ging und der Stadtschreiber dies mit der Stadtgründung gleichgesetzt hätte.

Wunsch nach Machtausweitung um 1200

Gründe für eine Grenzbefestigung gegenüber Böhmen gab es zu dieser Zeit genug – man denke nur an die Einfälle von Norden im letzten Viertel des 12. Jahrhunderts. Aber auch der sehr stark aufkommende Handel von der Donau nach Böhmen und das Bestreben nach Machtausweitung durch die Babenberger spielten eine Rolle. Die Mächtigen im Land waren die Babenberger, zumindest an der Donau in Enns. Dieser Stadt verliehen sie 1212 das Stadtrecht (Linz wurde bereits 1206 erworben). Auf die nördlich gelegenen Gebiete hatten die Babenberger schon längst ein Auge geworfen – aber nicht nur sie, sondern auch die Bischöfe von Passau, die vom Haselgraben nach Osten drängten. Zwei Machtbereiche trafen aufeinander. Um 1213 gelang es dem Babenberger Leopold VI., »dem Glorreichen«, das Gebiet der heutigen Stadt Freistadt von Ulrich von Klamm (Clam) zu erwerben. Er erteilte der Stadt etliche Privilegien, womit den Passauern Einhalt geboten wurde. Es bietet sich also an, diese Jahre als Gründungszeit der Stadt

Oben: Haus Hauptplatz 14.
Unten: Keller, Pfarrgasse 8.

Schmal waren die Aufgänge, um nach oben zu gelangen.

heranzuziehen. Gäbe es da nicht Zweifel am Wahrheitsgehalt dieser Überlieferung (Preuenhueber, 1740), denn es existiert keine schriftliche Kaufurkunde. Außerdem stellt sich folgende Frage: Waren die Passauer Bischöfe nicht womöglich schon vor den Babenbergern am Zug? Die Klöster hatten große Macht und es werden in Freistadt schon Personen als zinspflichtig gegenüber den Passauer Bischöfen angeführt.

Die erste schriftliche Erwähnung Freistadts (!) – als »Ulricus de libera civitate« (1200–1220) bzw. »Hemma de libera civitate« (1220–1240) – findet sich im Traditionsbuch des Hochstiftes Passau (und nicht in Urkunden der Babenberger). Zu dieser Zeit muss ohne Zweifel Einschneidendes passiert sein. Ein Hinweis auf die Babenberger ist aber deren Bindenschild (silberne Binde auf rotem Feld), der Freistadt seit dem 13. Jahrhundert als Stadtwappen auszeichnet.

»Frienstadt« 1241

1241 wird »Frienstadt« in einem gefälschten (!) Lehensrevers der Passauer Bischöfe an die Babenberger erwähnt. Er stammt aus der Zeit zwischen 1250 und 1260. Die Fälschung wurde erstellt, um die bischöflichen Ansprüche gegenüber Przemysl Ottokar II., der Nachfolger der ausgestorbenen Babenberger war, zu unterstreichen. Die alleinige Gründung durch die Babenberger ist also auch aufgrund dieses Dokuments nicht eindeutig.

Wie seine Herrschaftsbereiche und Einflussmöglichkeiten auch immer ausgesehen haben mögen – Przemysl Ottokar II. spielte in der Geschichte der Anfänge der Stadt Freistadt in jedem Fall eine gewichtige Rolle. Um 1252 dürfte seine Herrschaft in dieser Gegend unangefochten gewesen sein. Es ist belegt, dass er in dieser Zeit in Freistadt sogar beurkundet hat. Auch der Städtebau lag ihm am Herzen. Neue Städte wie Budweis, aber auch Bruck und Marchegg entstanden unter seiner Herrschaft. Es liegt nahe, dass sich in Freistadt nach dem Brand von 1252 auch städtebaulich mehr getan hat, als man bislang vermutete. Stichhaltig beweisen lässt sich das nicht, aber auch aufgrund der Grabungsfunde von 2012 ist es nicht gänzlich von der Hand zu weisen (siehe Seite 82).

Endlich eine richtige Urkunde – die Privilegienbestätigung von 1277

Die große Wende folgte 1277. Der Tod von Přemysl Ottokar II. in der Schlacht bei Jedenspeigen machte den Weg für den Habsburgerkönig Rudolf I. frei. Seine Bestätigung des Niederlags- und Stapelrechts an die Bürger Freistadts im Jahr 1277 (verliehen in Berufung auf die Babenberger-Herzöge Leopold VI. und Friedrich II.) beweist, dass er die Stadt eng an seinen Herrschaftsbereich binden wollte. Der wirtschaftliche Aufschwung war ab diesem Zeitpunkt unübersehbar. Aus der Urkunde geht hervor, dass die Stadtentwicklung Freistadts in erster Linie den Babenbergern zugeschrieben wird und, natürlich, dass es zum Zeitpunkt der Urkunde bereits eine Stadt war. Die Gründung der Stadt wird demnach zu Beginn des 13. Jahrhunderts angesetzt. Eine Gründungsurkunde auf besiegeltem Pergament fehlt, aber ist nicht die Baukunst dieser Zeit Beleg genug für die Entstehung Freistadts im frühen 13. Jahrhundert?

Im Putz angedeutete Zinnenreste an der östlichen Stadtmauer (rechts).

Vom Siedler zum Bürger

Planung und Umsetzung der Stadtgründung müssen sehr zügig erfolgt sein – der Grundriss mit der Stadtmauer und dem Stadtgraben, ebenso wie die breiten Straßen beweisen eine geregelte Stadtplanung. Der heutige Hauptplatz wurde am Hügel des Plateaus als geeigneter Markt- und Handelsplatz festgelegt. Ein Abfall des Geländes an zwei Seiten bot natürlichen Schutz, den Rest sollte eine Stadtbefestigung absichern.

Ganz menschenleer war diese Gegend keinesfalls. Bürger zu werden in einer neuen Stadt mit vielen Privilegien, das versprach eine ersprießliche Zukunft. Grundvoraussetzung für eine Bürgerschaft war der Besitz eines Hauses innerhalb der schützenden Stadtmauern. Durch die gewährte Selbstverwaltung war der Freistädter Bürger selbstbewusst

An der Westseite die äußere Stadtgrabenmauer, dahinter der Zwinger mit den Resten des Turms des ehemaligen Altenhofs (heute Salzhof) und der runde Scheiblingturm.

und besaß ein repräsentatives Haus in der Stadt. Lebensstil und Bauten hoben sich vom Umfeld ab, Handel und Gewerbe florierten; Freistadt blühte auf, es ließ sich hier gut leben.
Was eine spätmittelalterliche Siedlung zur Stadt machte, war seit der Gründung vorhanden: Autonomie (Nachweis eines Stadtsiegels 1286), Marktrecht, Gerichtsbarkeit und Befestigung. Stadtrichter sind schon für das 13. Jahrhundert nachgewiesen (1286) und die erste Nennung eines Bürgermeisters in Oberösterreich 1388 unterstreicht die besondere Stellung Freistadts unter den sieben landesfürstlichen Städten. 1363 erhielten die Bürger Freistadts auch noch das Meilenrecht und hatten somit beim Salz-, Eisen- und Warenhandel eine absolute Monopolstellung. Freistadt nutzte diese Privilegien weidlich aus. Und obwohl der Landesfürst an den Einnahmen beteiligt war, erwirtschafteten die Freistädter genug Geld, um eine mittelalterliche Musterstadt aufzubauen.

Im Inneren des Bürgerkorpsturms an der Südwestseite dokumentiert ein kleines Museum die ehemalige Verteidigungsbereitschaft der Bürger.

Schutzgürtel über Jahrhunderte: Stadtgraben, Zwinger, Stadtmauer

Die gut erhaltene Befestigungsanlage Freistadts lässt die einstige Wehrhaftigkeit der Stadt deutlich erkennen. Wer nicht willkommen war, dem wurde der Eintritt verwehrt. Trotz der frühen Gründung Anfang des 13. Jahrhunderts kann die Errichtung der Stadtmauern aber bauhistorisch erst ins 14. und 15. Jahrhundert datiert werden. Urkundlich ist eine Stadtbefestigung erstmals 1337 nachweisbar.
Zeitgleich mit den Überlegungen zur Errichtung der Stadt begann man auch deren Sicherheit zu planen. Der große Marktplatz und teils wertvolle Handelswaren mussten von Anfang an vor Überfällen bewahrt werden, später auch der Besitz der reichen Bürger und der Kirche. Effizienter Schutz war für die Menschen überlebenswichtig. Auch die Funktion als Grenzstadt gegen Böhmen machte eine militärische Verteidigungsanlage erforderlich. Ein Graben an den leicht zugänglichen

■ Schutz und Trutz – so zeigt sich an der Ostseite auch noch heute die Stadt.

Seiten im Westen und Norden, das Aushubmaterial zu einem Wall aufgeschüttet und zugespitzte Pfähle zu einem Palisadenzaun aneinandergereiht – so wird die erste Schutzzone ausgesehen haben. Wie schnell dann Steinmauern die Holzpfähle ersetzten, ist schwer zu sagen.

Bei den Eingangstoren könnte es bereits von Anfang an Mauerwerk gegeben haben. Vermutlich halfen damals schon Türme, das Umfeld zu überblicken und zu kontrollieren. Wie diese ausgesehen haben, ist unbekannt. Die Annahme, die steinernen Fundamente beim Böhmertor stammten noch aus dem 13. Jahrhundert, wird nach neuesten Forschungen stark angezweifelt. Baudetails zum Böhmertor, Seite 29 und Baudetails zum Linzertor, Seite 26.

■ Bauboom in der zweiten Hälfte des 14. Jahrhunderts

Am 20. Juli 1385 befahl Herzog Albrecht dem damaligen Hauptmann des Landes ob der Enns die Stadt Freistadt *ze vesten und pezzern an den greben und andern dingen, damit unser Land und lewte da oben desterpaz dauon behutt und beschirmet werden*. Das heißt, er verlangte vom Hauptmann mit seinen Leuten der Bürgerschaft zu helfen (Wirmsberger: Regesten).

In dieser Zeit, der zweiten Hälfte des 14. Jahrhunderts, entstand das Schloss mit dem mächtigen Bergfried, die Frauenkirche musste 1361 nach einem Brand neu aufgebaut werden, die Stadtpfarrkirche erhielt ihre gewölbte Decke und das südliche kurze Seitenschiff, die Allerheiligenkapelle im nahe gelegenen St. Peter wurde errichtet und der Chor der Johanneskirche erbaut. Nicht zu vergessen die zahlreichen Bürgerhäuser, deren Keller und Erdgeschoße zumeist in dieser Zeit entstanden. Besonders hervorzuheben ist ein handschriftliches Dokument im Stadtarchiv, welches uns genaue Angaben über den Bau des Stadtgrabens 1390 bis 1393 überliefert:

Ausgab auff das Gepey des Stattgraben Zu der Freystadt von 1390 biss auff das 1393 Jar. Bringt die Summe 1353 Pfund […]. (Gruber: Öffentliches Bauen)

Die Natur hat Teile der äußeren Stadtmauer in Besitz genommen.

Die innere und äußere Stadtmauer an der Nordseite.

Neben der Höhe der Ausgaben für Material und Handwerker können auch Informationen über die Organisation und die technische Durchführung herausgelesen werden, insbesondere auch welche Werkzeuge verwendet wurden, aus welchen Steinbrüchen das Material kam, Namen und Löhne der Handwerker und anderer beteiligter Personen sowie auch die Transportkosten für den Kalk aus Mauthausen scheinen auf.

Es entstand eine Mauer, die äußere Stadtgrabenmauer, die den ausgehobenen Stadtgraben nach außen hin abschloss. Der Graben wurde in Richtung der Stadt von der Äußeren Stadtmauer oder Zwingermauer begrenzt, dahinter lag der Zwinger und danach die eigentliche Innere Stadtmauer oder Ringmauer. Alle Mauern sind aus Granitbruchsteinen erbaut. Die Innere Stadtmauer war an der Basis beinahe 2 Meter dick und zwischen den Mauern mit Geröll befüllt. Hinter ihren Schießlöchern befand sich in 5 Metern Höhe ein Wehrgang, auf den man über Holzstiegen aufsteigen konnte.

Der sogenannte Zwinger liegt zwischen den beiden Mauern, ist beinahe 10 Meter breit und großteils erhalten. Eindringlinge, die es so weit schafften, hatten hier keinerlei Deckung und konnten nun von den Türmen und vom Wehrgang aus angegriffen werden.

Hinter der Inneren Stadtmauer lag die »Reihe«, ein bis zu den ersten Stadthäusern freier Bereich. Diese Häuser mussten in Richtung der »Reihe« geschlossen sein, durften dort also keine Türen und Fenster haben. Über die unverbaute »Reihe« konnten bei Verteidigungsbedarf rasch Männer zu Türmen und Wehrgang gelangen. Als die Grundstücke knapp wurden, ist die »Reihe« verbaut worden. Ab diesem Zeitpunkt kam es immer mehr zu einem Anschluss der Häuser an die Stadtmauer.

Herausragend – die Türme

Bei einem Rundgang durch die Stadt folgen wir aus dem Linzertor kommend dem Rundweg der Äußeren Stadtgrabenmauer entlang in Richtung Osten und sehen als Erstes den runden **Dechanthofturm** (wegen seiner Form auch Pfefferbüchsel genannt), der erst nach dem Stadtgrabenbau, nämlich 1444, in der Ecke hinter dem Pfarrhof errichtet wurde. Er steht mit einem Drittel im Zwinger, der größere Teil jedoch im Stadtgraben und vom Zwinger kann er ebenerdig durch eine Spitzbogentür betreten werden.

Der Dechanthofturm zeigt sich nicht nur äußerlich, sondern auch im Inneren mittelalterlich. Gerade an diesem 21,5 Meter hohen Turm sind die Vertiefungen für das Zupacken der Eisenzange zum Aufziehen der Steine deutlich zu erkennen. Entwässerungslöcher und viele kleine Baudetails sind zu entdecken. Schießluken und die Dachgaubenfenster am Kegeldach mit abgefasten Steinlaibungen atmen noch bestes Spätmittelalter. Innen führen anfangs eine Art Steigbaum und danach Holzstiegen zum Dachgeschoß. Ein weiter Ausblick vom Dachfenster: Kein Feind in Sicht, gut so! Dieser beeindruckende Turm kann nur von außen besehen werden.

Wir folgen der Stadtmauer parallel zum Flüsschen Feldaist, gehen das Lederertal entlang und kommen zum nächsten Turm. Weder zur Verteidigung noch in repräsentativer Funktion des Rathauses entstand an dessen Südseite, an der inneren Stadtmauer gelegen, im Jahr 1522 der **Rathausturm.** Er ist ein Ergänzungsbau zum (ersten) Rathaus. Dort wurde Pulver aufbewahrt, sein Keller diente bis in die 1960er-Jahre als Gefängnis. Es bietet sich ein überwältigender Blick auf die steil aufragende Stadtmauer, die gleichzeitig die Häuserfront bildet.

An der Südost-Ecke der Stadt steht der mächtige, auf einen Felsen gebaute, halbrunde **Weyermühlturm,** der gegen Ende des 14. Jahrhunderts errichtet wurde. Er hat eine geradezu unglaubliche Mauerdicke von 3,40 Metern und schützte die Stadtmühle, die in Zeiten der Belagerung die Herstellung von Mehl und Brot sicherstellte (Notmühle, heutige **Weyermühle**). Vom

An der Südostecke der bewohnte Weyermühlturm, links der ehemalige Komplex des mittelalterlichen Rathauses mit Turm.

Turm aus bewachte man auch das Posttürl und eine Schleuse, die den Wasserzufluss vom oberen in den unteren Stadtgraben ermöglichte. Hier wurde auch das Wasser des Weyermühlbachs aufgestaut und an die Weyermühle abgeleitet, die man im Spätmittelalter noch Zaglaumühle nannte, aufgrund der an dieser Stelle befindlichen Vorgängersiedlung Zaglau.

Neben dem Weyermühlturm gelegen, existierte ein dritter Zugang vom Lederertal zur Stadt, das sogenannte Posttürl (früher Kißlingtürl), das zwar von Fuhrwerken nicht befahren, aber von Personen (auch mit Pferden und Ziegen) begangen werden konnte. Packesel haben die Mehlsäcke von der Stadtmühle durchs Posttürl in die Stadt getragen. Dieses konnte mit einer Zugbrücke geschlossen werden. 1885 ist es abgebrannt und wurde nicht wieder aufgebaut.

Etwa zur gleichen Zeit wie der Weyermühlturm wurde der mächtige **Bergfried** vollendet, der Turm des neuen Schlosses, der auf unserem Rundgang als Nächstes unübersehbar an der Nordost-Ecke der Stadt auftaucht, während wir dem Bockaubach folgen, der durch den Stadtgraben fließt (Baudetails zum Bergfried siehe Seite 39).

Wir umrunden das mächtige Schloss, immer weiter dem Bach folgend bis zum **Böhmertorturm** (Baudetails zum Böhmertor siehe Seite 29), danach den Frauenteich entlang, bis zum **Scheiblingturm** am Nordwest-Eck der Stadtmauer. Er wurde zur Verstärkung der Verteidigungsanlage zur gleichen Zeit errichtet wie der Dechanthofturm, nämlich 1444, und er sicherte unter anderem den Wasserzufluss in den Stadtgraben. Er diente auch als Kerker und wurde »Stadtkotter« genannt. Man konnte den Turm nur im ersten Stock über den Wehrgang betreten und stand dann auf dem Gewölbe des Erdgeschoßes. Der einzige Zugang dorthin war ein Loch in der Decke (in 7 Metern Höhe!) mit 60 Zentimetern Durchmesser. Etwas Licht in den Kotter brachten drei schmale Schießlukenfenster in einer Höhe von über 4 Metern. Hier am Scheiblingturm ist ein Stück des rekonstruierten Wehrganges zu sehen.

■ Der Dechanthofturm hat sein Aussehen seit seiner Entstehung Ende des 14. Jahrhunderts kaum verändert.

Die beiden Türme wurden gebaut, obwohl sich die Verteidigungsanlage bereits bei den Einfällen der Hussiten um 1420/1430 als Bollwerk gegen Böhmen bewährt hatte. Die Hussiten konnten die Stadt damals nicht erobern, vor ihrem Rückzug verwüsteten sie aber die Vorstadt.

An der Westseite der Stadtmauer gab es bis zu dem Großbrand im Jahr 1815 zwei weitere Türme. Der viereckige **Turm der Alten Burg** wurde zerstört und nicht in voller Höhe wieder aufgebaut. Demselben Feuer fiel der halbrunde **Turm im Winkel** zum Opfer, der auf Höhe der heutigen Stadteinfahrt stand und gegen Ende des 14. Jahrhunderts erbaut wurde. 1835 wurde er abgerissen und mit seinen Steinen die Brücke über den Stadtgraben errichtet. Seine Rundungen sind noch unter der Brücke zu sehen. Es konnten nun endlich große Lastfahrzeuge in die Stadt einfahren, was auf lange Sicht von großer Bedeutung war. So konnte das Abtragen der alten Stadttore – wie in vielen anderen Städten praktiziert – verhindert werden. Die Südwest-Ecke war mit dem **Bürgerkorpsturm** (auch Bürgergarde- oder Heimatbundturm, früher Schmiedingerturm) geschützt. Der halbrunde Bau neben dem Linzertor steht im Stadtgraben und ist an die Zwingermauer angebaut.

▪ War im Stadtgraben wirklich Wasser?

Der Stadtgraben sollte zu Löschzwecken immer mit Wasser gefüllt sein. Deshalb war die Empörung über Joachim Stangl groß, als dieser im Jahr 1571 auf der Ostseite das Wasser in einem Teil des Grabens abließ, um die Schlossmauer auszubessern. Der Stadtgraben diente dort überdies als Fischbehälter (Mecenseffy: Städte).

Der Höhenunterschied zwischen dem westlichen und östlichen Teil ist so groß, dass die beiden Gräben kein gemeinsames Wasserbecken bilden hätten können. Es hat also Unterteilungen gegeben. An der engsten Stelle des Grabens – beim Scheiblingturm – wurde eine querstehende Staumauer gebaut.

Der obere, westliche Teil des Grabens erhielt sein Wasser von dem aus der Bockau kommenden Bach, dessen Wasser in den Frauenteich floss, dort gesammelt wurde und bei der äußeren Stadtgrabenmauer gegenüber dem Scheiblingturm in den Stadtgraben geleitet wurde. Das Wasser floss im Graben in Richtung Linzertor nach Süden. Dieser südliche Teil des Grabens musste unbedingt bei Gefahr geflutet sein, das Gelände allein bot dort potenziellen Eindringlingen wenig Hindernis. Daher musste man für eine bestimmte Mindesttiefe sorgen, auch wenn einmal wenig Wasser zur Verfügung stand. Das gelang mit Hilfe von Staumauern, die das Wasser in das jeweils dahinterliegende Becken erst dann einließen, wenn der davorliegende Bereich voll geflutet war. Es wurden also zwei weitere Staumauern oder »Wasserschwölln« unterhalb des Linzertors gebaut. Die zweite Mauer lag vor dem Dechanthofturm und glich den großen Höhenunterschied Richtung Osten aus; sie ist heute noch gut als »Gartenmauer« sichtbar (Rappersberger: Freistadt). Vermutlich war der Stadtgraben besonders in unruhigen Zeiten zumindest teilweise mit Wasser gefüllt.

Am südlichsten Punkt des Grabens, beim Dechanthofturm, begegneten sich das Wasser des Bockaubachs im westlichen, oberen Stadtgraben und das Wasser vom Nordosten aus dem unteren Stadtgraben. Dieser untere Graben wurde zuerst vom Überwasser des Frauenteichs gefüllt sowie dem Wasser des unterhalb des Böhmertors beim Schloss einmündenden Mühlbachs der Weyermühle.
Vom Böhmertor bis zum Schloss wurde der Graben nur vom Überwasser des Frauenteichs durchflossen, dafür hatte er aber auch hier seine größte Breite. Der restliche Teil vom Böhmertor bis zur Staumauer beim Scheiblingturm war ohne Wasser; dafür liegt hier der Frauenteich, der vom Böhmertor bis über den Scheiblingturm hinausreichte. Außerdem ist diese Stelle noch durch Schießluken in der äußeren Stadtmauer geschützt (Fellner: Befestigungsanlagen).

■ Die Zeit ist stehen geblieben.

■ Das Linzertor ist seit jeher das Wahrzeichen Freistadts.

Der vor dem Schloss in einer Ebene mit dem Zwinger befindliche (herrschaftliche) Graben lag selbstverständlich im Trockenen.
Die alte Stadtbefestigung umrahmt die Innenstadt und bildet so nach wie vor eine Art Schutz für das Ensemble der wertvollen Bauten darin.

Das Linzertor – ein imposanter Eingang in die Stadt

Reisende, die aus Linz kamen, empfing im Süden der Altstadt das Wahrzeichen Freistadts, das Linzertor, das gemeinsam mit dem Böhmertor eines der ältesten Bauwerke der Stadtbefestigung ist. Im Spätmittelalter nannte man es Gunzentor.
Spitzbogentor und weitere Spitzen ziehen den Blick empor über ein großflächiges Spitzdach bis zur Laterne, die mit einem zusätzlichen »Spitz« himmelwärts zeigt. Links und rechts sind Dachreiter mit Halbmond und Stern zu sehen, die auf die einstmalige Bedrohung durch die Türken hinweisen. Die grandiose Mittelachse deutet auf alles hin, was Freistadt lieb und teuer war und Rang und Bedeutung hatte.

Urkundlich ist das Gunzentor (und damit eine Stadtbefestigung) erstmals 1337 nachweisbar. Vom Freistädter Bau- und Steinmetzmeister Mathes Klayndl wurde der Bau um 1485 an den Stil der Spätgotik angepasst. Dass Freistadt zuerst im Besitz der Babenberger war und ab 1282 den Habsburgern gehörte, darauf weist die stolze Aufschrift über dem Durchgang hin – kaiserlich-königliche landesfürstliche Stadt Freystadt. Insgesamt sieben Städte Oberösterreichs konnten sich als landesfürstlich bezeichnen: Linz, Wels, Steyr, Enns, Gmunden, Vöcklabruck und Freistadt.
Ein Bild der heiligen Katharina von Alexandrien – der Schutzpatronin der Stadt – mit Rad und Schwert befindet sich über einer in der Mitte ausgesparten Schießluke in Form einer sogenannten

Das Böhmertor – unüberwindbar für jeden Angreifer.

Schlüsselscharte. Darunter auf weißem Hintergrund ist der Doppeladler mit Kaiserkrone und Stadtwappen, einem rot-weiß-roten Schild, auf der Brust zu sehen.

In der Barockzeit wurde der Turm ganz oben am Giebel des steilen Keildaches noch mit einem barocken Zwiebeltürmchen (mit Laterne) und mit Wetterfähnchen bekrönt, das auch seinen Beitrag zur jetzigen stolzen Höhe von 28 Metern leistet. Auf dem Stich von Merian aus dem Jahr 1649 ist dieses Türmchen bereits eingezeichnet. Mit dieser Höhe, die jeweils zur Hälfte auf den Bau und zur anderen Hälfte auf das Dach fällt, gehört das Linzertor zu den mächtigsten Tortürmen Mitteleuropas. Am oberen Ende des gemauerten Turms ist auf jeder Seite ein Dacherker sichtbar; beim südlichen und nördlichen ist die (Uhr-)Zeit stehen geblieben und die Vergangenheit allgegenwärtig – das eigentliche Kapital Freistadts.

Auch am Linzertor konnte eine Zugbrücke hochgezogen werden, so wie beim Böhmertor ist das an den langen Mauerschlitzen erkennbar. Die Brücke wurde nicht täglich, sondern nur zu Zeiten einer Bedrohung hochgezogen. Früher aus Holz, ist die Brücke seit dem 18. Jahrhundert eine steinerne. Auch ein unmittelbar hinter dem Stadttor angebrachtes Fallgitter kam bei Gefahr zum Einsatz. Der Stadteingang war also dreifach – mit Zugbrücke, Stadttor und dem Fallgitter – geschützt. Noch zu sehen sind die eisernen Angeln der Tore und auch zwei Eisendorne, die ein Ausheben der zwei Flügel verhindert haben. Neben dem Toreingang gab es links und rechts je eine Beobachtungs- bzw. Schießluke.

Bevor in den 1960er-Jahren eine Umfahrungsstraße errichtet wurde, lief der gesamte Verkehr durch die beiden Stadttore.

Die Innenseite des Tores, im 19. Jahrhundert ein Raub der Flammen, verfügt seit 2012 über eine Aussichtsplattform.

Das Böhmertor – ein monumentales Bollwerk gegen Norden

Massive Steinmauern mit Schießluken und ein Tor, das zusätzlich durch eine Zugbrücke abgeriegelt werden konnte, so erwartete Freistadt seine – nicht immer willkommenen – Besucher. Händler, unterwegs auf der alten Handelsstraße von Böhmen zur Donau, und später Reisende auf der Reichsstraße Linz–Prag und noch später auf der Bundesstraße 125 kamen auf ihrem Weg durch Freistadt. Als Ausgang Richtung Böhmen dient das mächtige Tor auch heute noch, es ist aber nur mehr in seinen immer noch eindrucksvollen Außenmauern erhalten. Im Mittelalter konnte man mit dem Pferdefuhrwerk durch zwei Tore in die Stadt gelangen, im Süden durch das Linzertor und im Norden durch das Böhmertor. Diese beiden Tore existieren seit der Stadtgründung, wurden aber am Ende des 15. Jahrhunderts gänzlich neu als Tortürme errichtet. Auch die lange Zeit als älter vermuteten Fundamente (Buckelquader oder Bossensteine) des Böhmertors, stammen nach neuesten Forschungen aus dieser Zeit (Schicht: Buckelquader).

Diese beiden Tortürme sind in ihrer uns nicht bekannten, ursprünglichen Form die ältesten Bauwerke der Stadtbefestigung und wurden bereits bei der Stadtgründung angelegt. Abwechselnd mit flachen Quaderreihen ist der nordwestliche Sockel an der Kante mit Buckelquadern bestückt. Um das Abgleiten schwerer Steine von den Hebetauen zu verhindern, wurde beim Aufschlichten der Steinquader die sogenannte Bosse an den Steinen belassen. Bei Buckelquadern wurde rund um dieses überstehende Material des Natursteins ein glatter Rand geschlagen.

Mathes Klayndl war der Baumeister, der im späten 15. Jahrhundert für den Umbau beider Tore verantwortlich war, was unglaublich anmutet, weil sich beide Tore wesentlich unterscheiden. Am Böhmertor wurde in den Jahren 1483 bis 1486 gebaut. Auf die Grundmauern wurden drei mächtige, 12 Meter hohe Außenmauern aus sorgfältig zugerichteten Steinquadern gesetzt. Bei vielen Steinen kann man noch die lochförmige Einkerbung erkennen, wo die Steinzange zum Heben angesetzt wurde. Der im Inneren der Stadt liegende, von den drei Wänden gebildete Raum, war mit dicken Trambalken, die auf den innen sichtbaren Mauersimsen auflagen, in drei hölzerne

Stockwerke unterteilt und ganz oben auf dem flachen Dach war schon in der Spätgotik ein Spitztürmchen aufgesetzt. In der Barockzeit wurde daraus ein kleiner Helmturm.

Das Böhmertor (auch Behaimtor oder Pehenerturm) wurde früher auch Spital(s)tor genannt, weil bis ins 15. Jahrhundert das Spital der Stadt vor dem Tor neben der Frauenkirche stand. Die Lage neben dieser Kirche war ein Grund für eine weitere Bezeichnung, nämlich Frauentor. Auf einem Stadtplan von 1743 findet sich der Name Budweisertor.

Vermutlich vernichtete der große Brand von 1880, der in der Kaserne des Schlosses ausgebrochen war, die Holzkonstruktion der drei Stockwerke, das niedrige Keildach und das barocke Dachtürmchen. Da auch die Mauern stark in Mitleidenschaft gezogen waren, gab es den Plan, das Tor abzutragen, was zum Glück vom damaligen Freistädter Bürgermeister Eduard Pemberger verhindert werden konnte. Es wurde damals nur die dahinter liegende innere Stadtmauer mit dem inneren Stadttor abgerissen. Die hölzernen Stockwerksaufbauten wurden nicht mehr erneuert, daher stehen heute nur mehr die Außenmauern. Ein gotisches Spitzbogentor in einem rechteckigen Blendrahmen öffnet die nördliche Außenmauer. Über dem Tor ist das Wappen der Babenberger sichtbar, das gleichzeitig auch das Stadtwappen Freistadts ist.

Das mächtige Bauwerk beeindruckt besonders durch seine Wehreinrichtungen. Über drei Stockwerke erstrecken sich Schießscharten, die durch ihre (von innen sichtbare) ungewöhnliche Größe als Schießkammern bezeichnet werden können. Besonders imposant wirkt die Zugbrückenanlage, erkennbar an den langen senkrechten Mauerschlitzen, in denen sich die Schwungbalken beim Öffnen und Schließen der Zugbrücke bewegt haben.

Auch die spätgotischen Sitznischen für die Torwächter sind noch vorhanden, wobei die auf der Ostseite gelegenen 1975 zu einem Fußgängerdurchgang umgebaut wurden.

Die rechteckige Grundfläche des Tors misst in der Breite etwa 11 Meter und hat eine Länge von 12 Metern. Die Toröffnung ist

3,10 Meter breit. Zwei Torflügel verschlossen den Eingang und ein Fallgitter verstärkte den Schutz.

Innerhalb der Ostmauer führt tunnelartig ein ehemaliger Treppenaufgang auf der rechten Innenseite in den ersten Stock, sein zugemauerter Eingang ist noch sichtbar. Der Ausgang wurde im Zuge der Errichtung einer hölzernen Plattform im Jahr 2011 teilweise freigelegt. Diese neue, bisher einstöckige Holzkonstruktion ermöglicht auch neue Ausblicke – ähnlich denen aus früheren Jahrhunderten.

Schauplatz im Bauernkrieg 1626

Im Jahr 1626 war das Böhmertor der Ort, an dem sich eine Schlüsselszene der Freistädter Geschichte abspielte. Im Lauf des Juni 1626 hatten sich immer mehr – vor allem durch die rigide Gegenreformation und die damaligen sozialen Verhältnisse aufgebrachte – Bauern, Knechte, Mägde und sogar diesen nahestehende Jugendliche im Norden der Stadt zusammengerottet. Über einen Monat lang belagerten sie unter der Führung des Adeligen Hans Christoph Hayden Freistadt. Etwa 5000 Bauern und ihre Sympathisanten lagerten im Bereich der Vorstadt, besetzten die Häuser und plünderten die Vorräte der dortigen Bewohner. Die Freistädter waren unruhig, weil die Lebensmittel wegen der Belagerung bereits knapp geworden waren. Ende Juni hatten die Belagerer die Wasserzufuhr unterbrochen, das Wasser aus dem Wehrgraben und dem Frauenteich gelassen, Schanzen aufgebaut und vom Friedhof bei der Frauenkirche aus das Schloss, das Böhmertor und die Stadtmauer mit Geschützen beschossen.

Die Bürger waren in einer misslichen Lage. Viele waren – wie die Bauern – Protestanten, sollten aber gemeinsam mit der kaiserlichen Truppe die Stadt gegen die gleichgesinnten Bauern verteidigen und Seite an Seite mit den unbeliebten katholischen Bayern kämpfen. Die 150 Soldaten der Stadtverteidigung waren nämlich bayerische Besatzer. Kaiser Ferdinand II. hatte Oberösterreich, das Land ob der Enns, 1620 an die Bayern unter Maximilian I. verpfändet als Gegenleistung für dessen Unterstützung der katholischen Liga im Krieg gegen das protestantische Böhmen. Unter Maximilians Statthalter Adam Herberstorff setzte die Gegenreformation in voller Schärfe ein. Die Erhebung der Bauern gegen die erzwungene Rekatholisierung gipfelte im oberösterreichischen Bauernkrieg 1626. Das Frankenburger Würfelspiel war der Auslöser für diesen Krieg, bei dem Herberstorff die Rädelsführer dieser antikatholischen Erhebung paarweise um ihr Leben würfeln ließ.

Als Hauptmann Albrecht Sokolowsky, der Kommandant des Kaisers, auf die Belagerer vor Freistadt schießen ließ, waren die zornigen Bauern nicht mehr zu halten. Die darauffolgende Gegenwehr der Bauern endete letztendlich in einer Eroberung Freistadts, nicht zuletzt dank der Unterstützung durch revoltierende protestantische Bürger und einem Drittel der bayrischen Soldaten, die spontan ins Lager der Bauern gewechselt waren.

Die Steinlaibungen des Erkerfensters an der Westseite des Schlosses zeigen höchste spätgotische Steinmetzkunst.

Das Schloss der Herrschaft Freistadt

Die alte Burg war ursprünglich der »Altenhof« in der Salzgasse (siehe auch Seite 43).

Um die Verteidigungsanlage der Stadt zu verstärken und um repräsentative Räume für die Herrschaft zu schaffen, wurde die neue Burg, der »neue Hof«, zwischen 1363 und 1398 gebaut. Herzog Rudolf IV., genannt der Stifter, erteilte den Auftrag dazu. Als Bauplatz für das Schloss mit dem mächtigen, das Stadtbild dominierenden Turm, dem sogenannten Bergfried, wurde ein nach Norden und Osten abfallendes Plateau ausgewählt, das bisher vermutlich einen Schwachpunkt der Stadtbefestigung darstellte.

Bis 1440 erfolgten wichtige Ausbauten und am Ende des 15. Jahrhunderts wurde wahrscheinlich auch der Bergfried um sein oberstes Geschoß erhöht und um den Wehrgang erweitert (Dehio). Parallel dazu wurde auch die übrige Befestigungsanlage weiter verstärkt. Die Stadt gegen Eindringliche abzusichern hatte stets oberste Priorität.

Das Schloss mit dem Bergfried – ein Hinweis auf die Macht der Herrschaft Freistadts.

Die breiten Stützpfeiler im Erdgeschoß der Außenfassaden verleihen dem Bau zusätzlich eine wehrhafte Erscheinung. Aufgrund der zahlreichen Umbauten sind die Fenster unregelmäßig angeordnet und in verschiedene Jahrhunderte zu datieren. Neben zum Teil spätgotischen, teils profilierten Fenstergewänden, die Anfang des 16. Jahrhunderts entstanden, finden sich hauptsächlich Rechteckfenster aus dem 19. Jahrhundert. Innen, wo sich heute das Finanzamt befindet, ist an historischer Bausubstanz nicht mehr viel übrig geblieben.

Ein sicherer Sitz für die Verwaltung …

Das neue Schloss diente dem Landesfürsten als Verwaltungszentrale der Herrschaft Freistadt. Für die Verwalter (Pfleger) der Herrschaft war es zumeist auch der Wohnsitz.
Man kann annehmen, dass es – neben der Stärkung der Verteidigungsanlage der Stadt – auch noch einen zweiten Grund für den Bau des Schlosses gab. Aus der Architektur lässt sich ableiten, dass es die eigene Stadtbevölkerung war, gegen die sich die Herrschaft absicherte. Das Schloss selbst war damals durch einen Graben und eine Zugbrücke von der Stadt getrennt. Es gab nur zwei Wege in den äußeren Schlosshof, durch verschließbare Eisentore am Hauptplatz und am Ende der Schlossgasse. Selbst die angrenzenden Bürgerhäuser durften damals keinen Ausgang in den äußeren Schlosshof haben. Das Schloss war also zusätzlich gegen die Stadt und eventuelle Übergriffe von dieser Seite gesichert.

… bis zur Eroberung durch die aufständischen Bauern

Eine Eroberung musste das Schloss jedoch hinnehmen; nach einer einmonatigen Belagerung wurde es im Bauernkrieg geplündert. Die Bürger hatten mithilfe von 150 Soldaten unter Führung des Hauptmanns Sokolowsky ihre Stadt verteidigt. Die Bauern hatten von der Seite der Frauenkirche her Stadt und Burg beschossen und dabei Sokolowsky mit einem Kopfschuss getötet. Am 1. Juli 1626 drangen die wütenden Bauern beim schwach verteidigten Scheiblingturm in die Stadt ein und stürmten auch das Schloss. Sie brachen alle Zimmertüren auf, zerhackten die Kästen und Truhen und plünderten das herrschaftliche Gebäude und auch die Kapelle. Den damaligen meggauischen Pfleger Kogler, einen Göttweiger Mönch und drei Kapuziner, die den Bauern gerade in die Arme liefen, sperrten sie in die Schlosskapelle, wo sie schwer misshandelt wurden. Am 16. August gelang es den kaiserlichen Truppen, die Bauern aus Freistadt zu vertreiben.

■ Ein Hintertürl offen lassen?

Vom Schloss in den Zwinger und dann durch den Stadtgraben hinaus aus der Stadt führte von Anfang an ein »hinten an der Burg gelegenes Türlein« (an der Südostecke), durch das Schlossbewohner die Stadt verlassen konnten. Es wird urkundlich im Jahr 1403 erwähnt. Ein indirekter Hinweis auf so manche Unstimmigkeit zwischen Herrschaft und Stadt, ja, es ist sogar manches Aufbegehren der Stadt gegen die Herrschaft überliefert. So wurde von den Bürgern beanstandet, dass unabhängig von den Öffnungszeiten der Stadttore und damit unkontrolliert »Zeug und Leut hereingebracht werden können«. Dieses »Hintertürl« wurde als Sicherheitsrisiko eingestuft und musste im 15. Jahrhundert zugemauert werden.

Der Besitzer der Herrschaft, Hans Christoph von Gera, forderte über den von ihm eingesetzten Pfleger Joachim Stangl 1584 die Öffnung der Tür. Er monierte die fehlende Fluchtmöglichkeit im Falle eines Brandes und bezog sich dabei auf die großen Stadtbrände von 1507 und 1516. Der Landesfürst entschied aber zugunsten der Sicherheit der Stadt und die Tür blieb zugemauert.

Die Stelle, an der sich dieses »Hintertürl« befand, ist übrigens im Südosten der Schlossanlage immer noch deutlich zu sehen: Nur an einer Stelle reicht der Bau bis an die Stadtmauer heran, und zwar mit der aus Feuerschutzgründen an den äußersten Rand gebauten »Backkuchl«.

Vom Kaiser persönlich begnadigt

Der Brand, der am 2. Mai 1880 hier ausbrach, hatte nicht nur das Schloss, sondern den gesamten nördlichen Teil der Stadt samt dem Böhmertor stark beschädigt. Dass der Bergfried die Katastrophe überdauerte, ist Kaiser Franz Josef I. höchstpersönlich zu verdanken, er lehnte die geplante Sprengung des Schlossturms ab, so heißt es zumindest in der Überlieferung!

Der äußere Schlosshof

Ein mit Stabwerk gegliedertes, großes gotisches Rundbogentor führt zwischen der Schlosstaverne und einer Konditorei zum äußeren Schlosshof. Wenn man diesen Platz von der Nordwestecke des Hauptplatzes betritt, erhebt sich auf der rechten Seite der dreigeschoßige, ehemalige Getreidekasten von 1552, in dem seit den 1980er-Jahren ein Jugendzentrum untergebracht ist. Dieses sogenannte »Stöckl« oder »Springerstöckl« wurde erbaut, weil der bisherige Getreidespeicher im Altenhof nach dessen Zerstörung durch die großen Stadtbrände von 1507 und 1516 nicht mehr als solcher verwendbar war. An der Ostseite findet sich eine Abtreppung, eine letzte Zinne des ehemaligen Wehrganges der Stadtmauer. Im Inneren fallen ein rundbogiges Kellertor sowie ein Rechteckportal mit verkehrt aufgesetztem Sturz mit der Jahreszahl 1583 auf.

Der innere Schlosshof mit der Schlosskapelle …

Durch das spitzbogige Einfahrtstor und (früher auch durch die ehemalige Fußgängertür) gelangt man über ein Tonnengewölbe in den Schlosshof. Oberhalb des Tores sind noch die Rollen für die einstige Zugbrücke zu sehen. Neben dem Torbau außen an der Nordseite befindet sich ein spätgotischer Flacherker vom Beginn des 16. Jahrhunderts mit herrlichen Verzierungen an den Steinlaibungen.

Die ehemalige Schlosskapelle wurde 1497 geweiht und liegt über dem Durchgang vom äußeren in den inneren Schlosshof. Sie kann nur vom inneren Schlosshof über eine Treppe betreten werden. Vom äußeren Schlosshof kommend, sieht

Der innere Schlosshof – durch das spätgotische Eingangstor gesehen.

man einen viereckigen Bau mit einem runden und zwei hohen spitzbogigen Maßwerkfenstern. Eines davon wird von einer Putzfasche gerahmt, die am Scheitel ein Kreuz ausbildet. Im Inneren der gotischen Kapelle ist das Kreuzrippengewölbe gut erhalten, selbiges gilt für die Sakramentsnische aus Stein an der rechten Seite des Chorschlusses und ein (Tauf?)Becken an der linken Seite. Vom Brand im Jahr 1880 blieb die Kapelle verschont.

Heute ist die Kapelle profaniert und ein Teil des Schlossmuseums. Man kann hier eine großartige Sammlung von Hinterglasbildern aus der Zeit von 1770 bis 1930 besichtigen. Die meisten Arbeiten stammen aus Sandl (14 Kilometer nördlich von Freistadt) und dem damals noch deutschen Südböhmen. Es sind fromme Andachtsbilder mit naiver Darstellung von Gnadenbildern bekannter Wallfahrtsorte und von Heiligen, die von der bäuerlichen Bevölkerung besonders verehrt wurden.

Es gibt einen umlaufenden, gedeckten Gang im ersten Stockwerk des Innenhofs mit außen liegenden Treppenaufgängen, über die man ins Finanzamt und ins Schlossmuseum gelangt. Flache Segmentbögen über profilierten Kragsteinen und spätgotische Fensterlaibungen sind zu sehen.

■ Die Nordseite des Schlosses, gestützt von mächtigen Mauern.

■ … und dem markanten Bergfried …

Der gotische Schlossturm – der Bergfried – ist 50 Meter hoch, beinahe fensterlos und besitzt einen Umgang in 40 Metern Höhe auf profilierten Kragsteinen, der den Museumsbesuchern einen spektakulären Blick in alle Himmelsrichtungen ermöglicht. Dieser Umgang stützt sich auf einfache Segmentbögen ohne Maßwerk, die auf den Kragsteinen aufliegen. Ein sehr steiles Keildach, gedeckt mit roten Ziegeln und versehen mit vier Dacherkern auf Kragsteinen, bildet den Abschluss dieses imposanten Freistädter Wahrzeichens.

Dieser weitschweifende Überblick war in der Vergangenheit vor allem für den Turmwächter von großer Wichtigkeit. Aus der ganz oben liegenden Türmerstube bewachte er bei Tag die Stadt, dafür hatte die Herrschaft Freistadt zu sorgen.

(Ein Wächter auf dem Kirchturm, für den die Stadt zuständig war, sorgte für Sicherheit bei Nacht.) Die Türmerstube ist beinahe im spätgotischen Originalzustand belassen, Kamin und Abtritt sind zu sehen.

... mit dem Schlossmuseum

Der Aufstieg auf den Bergfried ist ein Muss! Der Blick auf Freistadt und das die Stadt umgebende Mühlviertler Hügelland ist einzigartig. Keine Ausrede, der gemächliche Anstieg durch das Museum zu dem in 35 Meter Höhe gelegenen außen liegenden Rundgang ist gar nicht so beschwerlich, wie er anmutet. Denn in jedem der neun Stockwerke des Schlossturms bietet die Besichtigung der Exponate des Mühlviertler Schlossmuseums (insgesamt etwa 24 000) eine willkommene und lehrreiche Unterbrechung.

Die neunte und letzte Etage des Turms ist gleichzeitig die ehemalige Türmerstube, die einen beeindruckendem Ausblick ermöglicht. Auf Ihrem Weg dorthin bekommen Sie Zeugnisse der Vergangenheit zu verschiedenen Themenbereichen wie Glaube und Aberglaube, Waag- und Messwesen, Brauchtum und Volksfrömmigkeit sowie Gerichtsbarkeit zu sehen.

Die Sammelschwerpunkte Volkskultur, Handwerk und Stadtgeschichte aus acht Jahrhunderten sind liebevoll aufbereitet und attraktiv präsentiert. Besonders hervorzuheben sind die einzigartige Sammlung von »Sandl«-Bildern in der Kapelle, die »Geschichten erzählenden« Schützenscheiben, das Zunftwesen, die St. Peter Keramik und die große Vielfalt alter Handwerksgeräte. Die noch erhaltenen Schützenscheiben sind wichtige Geschichtszeugnisse. Naiv gemalte Stadtansichten zeigen Häuserfronten, die teilweise heute so nicht mehr existieren. Im Freistädter Schlossmuseum können die etwa einhundert erhalten gebliebenen Scheiben besichtigt werden. Die älteste trägt die Jahreszahl 1750, die jüngste 1898.

Bauphasen des Spätmittelalters im inneren Schlosshof.

Kultur und Kulinarik im großen Saal des Salzhofes.

Der Salzhof – das wohl älteste Bauwerk Freistadts

Hinter der Fassade des Hauses Nummer 15 befinden sich die Musikschule und das Veranstaltungszentrum von Freistadt. Bis ins 14. Jahrhundert war dieser Gebäudekomplex die Alte Burg. Geschützt könnte sie vermutlich bereits im 12. Jahrhundert ein Straßendorf haben, aus dem sich später Freistadt entwickelt hat. Der Bau diente dem Landesfürsten und anderen Inhabern der Herrschaft als Verwaltungsgebäude und Unterkunft. Durch den Neubau des Schlosses an der Nordost-Ecke der Stadt wurde das Gebäude in der Salzgasse 1395 zur Alten Burg bzw. zum Altenhof. Der aus dieser Zeit überlieferte Name Herzogskasten (*der Herrschaft Traidkasten*) deutet auch auf seine geänderte Funktion hin – er diente als Vorratslager. Bei den beiden großen Stadtbränden in den Jahren 1507 und 1516 wurde der Altenhof schwer beschädigt.

Das Gebäude war in den folgenden Jahrhunderten als Salzlager in Verwendung, das »Kayserlicher Salzstadel« (1648) genannt wurde. 1815 beschädigte erneut ein Brand den Salzhof, insbesondere den Turm, der danach nicht wieder aufgebaut wurde und sich seither um zwei Geschoße verkürzt präsentiert. »Salzhof« heißt er jetzt immer noch, obwohl seit 1832 kein Salz mehr darin gelagert wird. Der Salztransport von Linz nach Budweis erfolgte danach nämlich mit der neu eröffneten Pferdeeisenbahn. Der Salzhof verlor seine Funktion und wurde 1850 vom kaiserlichen Salzamt verkauft.

Kultur im 21. Jahrhundert

2002/03 erfolgte die Renovierung des baufällig gewordenen Salzhofes, der mittlerweile wieder im Besitz der Stadt ist. Leider gab es beim Umbau keine archäologischen Untersuchungen, die die Entstehungszeit genauer klären hätten können. Der Salzhof wurde zu einem Kulturzentrum umgebaut, dessen modern adaptierte Räumlichkeiten im historischen Ambiente für Veranstaltungen gerne genutzt werden. Die Landesmusikschule ist ebenfalls dort untergebracht.

Der Salzhof hatte als Lager viel zu tragen.

■ Die Aura der Vergangenheit ist im kleinen Saal des Salzhofes noch zu spüren.

■ **Repräsentativ**

Der Bau sticht mit seiner breiten Front von acht Fensterachsen deutlich aus den übrigen Bürgerhäusern der Stadt heraus.

Der quadratische Innenhof wurde mit Glas überdacht, um einen großzügigen Veranstaltungsraum zu schaffen – eine »denkmalpflegerisch vertretbare« Lösung. Neben dem Eingang liegt links ein Gastraum mit einer wuchtigen Holzdecke. Die vielen neu geschaffenen Räume der Musikschule gehen mit dem geschichtsträchtigen Bau eine gelungene Symbiose ein. Der Dachboden wurde unter Erhaltung der historischen Holzkonstruktion ausgebaut, ein kleiner Konzertsaal liegt direkt unter dem alten Gebälk.

Der Westtrakt, der älteste Teil des Gebäudes, ist mit dem verbliebenen Rest des vorkragenden Altenhofturms an die innere Stadtmauer angebaut. Wirft man einen Blick von der an der Stadt vorbeiführenden Straße auf den Salzhof, lässt die architektonische Irritation eines asymmetrisch angebrachten, nach oben offenen Glaseinschnitts am Turm die kürzlich erfolgte gelungene Modernisierung erkennen. Der Burgcharakter blieb dennoch erhalten.

Eine bei der Restaurierung entdeckte frühbarocke Seccomalerei mit kräftigen, marmorierten Quadern sowie breiten Fenster- und Türumrahmungen in Rottönen wurde wiederhergestellt, am Portal des Nordtrakts (heute im großen Saal) ist die Jahreszahl »1673« zu lesen. Über der Durchfahrt befand sich eine Türöffnung (eventuell für einen Balkon), die von einer repräsentativen Ornamentierung bekrönt ist, die möglicherweise noch aus der Spätrenaissance stammt. Das Motiv weist auf die hoheitliche Stellung des kaiserlichen Salzamts hin.

Die Besucher des Salzhofs kommen nicht nur in den Genuss musikalischer Klänge, sondern können – en passant – bauhistorische Details aus vergangenen Jahrhunderten betrachten. Auch zeitgenössische Kunst bekommt ihren Stellenwert in diesem ansprechenden Monumentalbau.

Kein einfacher Eingang, ein repräsentatives Portal.

Der Hauptplatz von der Türmerstube des Kirchturms aus gesehen, in Richtung Nordost.

Der Hauptplatz – Stadt- und Marktzentrum

Als man sich an dieser Stelle vor ungefähr 800 Jahren an die Errichtung einer neuen Stadt machte, verlief der Weg von Süden nach Norden bis zu diesem Zeitpunkt die jetzige Eisen- und Salzgasse entlang und dann nach Norden weiter. Nur Flurnamen weisen darauf hin, dass es zuvor rund um eine Burg (den heutigen Salzhof) eine kleine Siedlung gab, eine Ansammlung von Häusern, deren Bewohner den vorbeiziehenden Händlern Verköstigung, ein Nachtlager und ihre Dienste als Hufschmied anboten.

So eine neue Handelsstadt brauchte ein Zentrum und der, an einer noch wenig besiedelten Fläche geplante, große Marktplatz sollte seinem Namen auch gerecht werden und von den Besuchern gesehen, befahren und vor allem auch für den immer reger werdenden Handel genutzt werden können. Also wurde von den damaligen »Stadtplanern« der Straßenverlauf geändert. Die neue Stadt am Ende der Salzgasse zu verlassen war bald nicht mehr möglich. Nach der Einfahrt vom Süden durch die jetzige Eisengasse machte die »Hauptstraße« nun einen Rechtsknick durch die jetzige Pfarrgasse und führte zuerst zum neuen Zentrum und dann durch einen neuen, nördlichen Ausgang hinaus in Richtung Böhmen.

Den Handelsreisenden bot (und bietet) sich bei der Ankunft auf diesem Platz – aus beiden Richtungen kommend – zuerst ein Blick auf den mächtigen Kirchturm. Genau am Schnittpunkt der beiden Einfahrtsstraßen Pfarrgasse und der verlängerten Böhmergasse steht dieser Turm an der höchsten Stelle des großen, rechteckigen Platzes. Die eindrucksvolle, 6 500 Quadratmeter große, freie Fläche ist heute umsäumt vom Katharinenmünster, dem Rathaus, dem ehemaligen Piaristenhaus, dem Bezirksgericht und den prunkvollen Bürgerhäusern. An den Ecken des Platzes münden vier Gassen und am nördlichen Ende die Ausfahrtsstraße, anno dazumal der wichtige Handelsweg nach Böhmen. All das macht deutlich, dass Freistadt eine nach Plan gegründete Stadt ist – der große Hauptplatz ist das Kernstück und die breiten Gassen sind parallel zu ihm angelegt.

Die Südseite des Hauptplatzes.

Handeln und Wirtschaften

Der Hauptplatz wurde nicht nur durchquert, sondern er war auch der stark belebte Marktplatz der alten Handelsstadt Freistadt. Es herrschte buntes Treiben zu Zeiten der Märkte, der Höhepunkt des Wirtschaftsjahres war Ende Jänner/Anfang Februar der Pauli-Markt, eine 14-tägige internationale Handelsmesse. Vor allem Salz aus dem Bayerisch-Salzburgischen und später aus dem Salzkammergut sowie Eisen und auch Eisenwaren aus dem Raum Steyr wurden in Richtung Norden gehandelt. Bis ins 18. Jahrhundert war Freistadt ein Mittelpunkt des Eisen- und Salzhandels zwischen dem Donauraum und Böhmen, auch die Straßennamen »Salzgasse« und »Eisengasse« weisen darauf hin. Eine andere wichtige Handelsware und Einnahmequelle war Bier. Auch Fische aus Böhmen, Glas und Seide aus Venedig und Zwirn aus Freistadt waren wichtige Produkte.

Privilegien für die neue Stadt

Die Blütezeit des Handels lag zwischen dem 14. und 16. Jahrhundert. In dieser Zeit führte der einzig erlaubte Weg von Linz nach Budweis über diesen Hauptplatz, das war das Privileg des Straßenzwangs. Das Niederlags- und Stapelrecht regelte seit Gründung der Stadt, dass alle Waren auf ihrem Weg nach und aus Böhmen drei Tage lang zu einem festgesetzten Preis den Freistädter Kaufleuten angeboten werden mussten. Und schließlich galt noch ab dem 14. Jahrhundert das Meilenrecht, nach dem innerhalb einer sogenannten Bannmeile (= 7,6 Kilometer) nur die Stadtbürger Handel und Gewerbe betreiben durften. Die Quelle des Reichtums der Stadt waren also die verliehenen Privilegien.

Namensgebende Freyungen?

Ganz zu Beginn standen aber das Stadtrecht und das Marktrecht. Diese allerersten Privilegien (= Freyungen) sind in keiner Urkunde belegt bzw. nicht mehr erhalten, lassen sich aber aus dem Namen »Freistadt« schließen: »Frei« bedeutet, ein

Das Rathaus – die Verwaltungszentrale der Stadt.

In so manchen Hinterhöfen gibt es noch »Innsbruckerisches« zu entdecken.

Vorrecht zu haben, privilegiert zu sein, mit Freyung ausgestattet, und »Stadt« weist auf ein von den Babenbergern verliehenes Stadtrecht hin. Diese Privilegien boten einen Anreiz zur Neuansiedlung. Aber wirkten sie auch namensgebend für *Frei*stadt?

An dieser Stelle soll eine andere Herleitung des Namens erwähnt werden: Frein(Vrein)-Stadt: die Stadt der Freien, wie auf alten Urkunden und auf dem ältesten Stadtsiegel *Sigillum Civium de Vreiinstat* aus dem Jahr 1282 zu lesen ist. Die erwünschte rasche Besiedelung wurde von den Babenbergern gefördert, indem sie den Besitz der neuen Siedler innerhalb des Burgfrieds als »freies Aigen« bezeichneten, die Siedler und späteren Bürger waren also freie Inhaber ihres Besitzes und konnten darüber frei verfügen; daher die Bezeichnung »Freienstadt« (Rappersberger: Freyung).

Ein Platz am Platz – die Landesfürstliche Marktfreyung

Die damalige Anordnung von Kirche, Freyung (Freiung) und Rathaus in unmittelbarer Nähe zueinander ist ein weiterer Beweis für das geplante Entstehen der Stadt. Zur Gründungszeit war der Hauptplatz nämlich nicht nur – so wie er sich heute darstellt – einfach rechteckig, sondern er war an der Stelle des heutigen Ostchors der Kirche, der ja erst später, nämlich am Ende des 15. Jahrhunderts gebaut wurde, um einen gar nicht so kleinen, bemerkenswerten Platz größer – die Freyung. Interessant auch deshalb, weil der Name »Freyung« und der Platz mit diesem Namen heute völlig verschwunden sind und nichts mehr daran erinnert. Ja, seine Existenz lässt sich nicht einmal mehr erahnen, was damit erklärt werden kann, dass der Platz seine spezielle Freyungsfunktion mit der Zeit verloren hatte. Schließlich wurde der Platz nach und nach zugebaut (Rappersberger: Freyung).

Das nunmehrige Doppelhaus Nummer 22, neben dem heutigen Gericht, gab es damals noch nicht – entweder überhaupt nicht oder zumindest nicht in dieser Größe. Es ist ein Bau aus ursprünglich zwei zusammengefügten Häusern, von denen möglicherweise anfangs nur eines bestand (Rappersberger: Freyung). Das damalige (erste) Rathaus lag nicht direkt am Hauptplatz, sondern gemeinsam mit dem Ratsdienerhaus hinten an der inneren Stadtmauer (heute Schulgasse 12); der repräsentative Platz davor war die Freyung. Und speziell hier hatte die Freyung auch wichtige Funktionen: nämlich die Sicht vom Rathaus auf den Hauptplatz zu gewährleisten sowie ein Ort für spezielle Verwaltungs- und Rechtshandlungen zu sein.

Die Freifläche zwischen Kirche und Rathaus war dadurch etwa 500 Quadratmeter groß (eventuell auch 650 Quadratmeter, je nach bebauter Fläche beim heutigen Haus Nummer 22). Und diese oberhalb des Hauptplatzes liegende Erweiterung war von sehr großer Bedeutung im Zusammenhang mit dem Marktgeschehen.

Schützenscheibe von 1841 mit Hauptplatz.

Die Freistädter Freyung wurde in einer Urkunde von 1411 erstmals erwähnt: *Friedrich der Pyber in der Freinstat und Agnes seine Hausfrau verkaufen ir Haus, das freies purkchrecht ist und gelegen ist in der Freinstat genannt das hinder haus in der Freyung und stozzet an die rinkchmaur zenachst dem vordern haus in der Freyung, irem Vetter jacoben dem Geczendorffer.* (Nößlböck: Pfarre)

Kontinuierliche Entwicklung zum Rechteckplatz

Die Grabungen im Frühjahr/Sommer 2012, die vom Autor aktiv begleitet wurden, haben einiges »aufgeworfen«. Die gefundenen Brandschichten von 1252 lassen an einer schon damals rein rechteckigen Form des Stadtplatzes zweifeln. Zum einen bestand von Anfang an die »Freyung« als ein besonderer Platz zwischen Kirche und jetzigem Gericht. Zum anderen gab es am großen Platz einen auffallenden Niveauunterschied, der ihn deutlich in einen südlichen und nördlichen teilte. Die noch sehr junge Stadt hatte im nördlichen Hauptplatzteil Brandschutt in kleineren und größeren Gruben entsorgt; das dortige Niveau lag um ein bis zwei Meter tiefer als die südliche

Das Symbol der Freyung – heute im Schlossmuseum zu sehen.

Hauptplatzhälfte, deren Pflasterung beinahe direkt auf einem Granitplateau auflag, was die Grabungen ebenfalls zeigten. (Dort wurden die im Mittelalter verlegten Abflusskanäle in den Granit versenkt.)

Der nördliche Platzteil könnte anfangs eher Weide- und Abstellplatz denn Handelsplatz gewesen sein. In eineinhalb Metern Tiefe über dem lockeren Flins-Gestein wurden Zähne von Rind und Schwein gefunden (Schlachtabfälle? Küchenreste?). Einen ordentlichen Durchfahrtsweg in Richtung Böhmertor hat es sicher gegeben.
Große Brände führen oft zu Veränderungen und Korrekturen des Stadtgrundrisses. In unserem Fall könnte Brandschutt zur Erhöhung des tiefer liegenden Niveaus mit verwendet worden sein, um das Gefälle nach Norden zu nivellieren und den Platz so besser nutzbar zu machen.

Als sichtbares Symbol der Gerichtsbarkeit wurde im Jahr 1707 ein sechseckiger Pranger aus Granit auf dem Hauptplatz – vermutlich in der Nähe der Freyung – aufgestellt. Auf einer Schützenscheibe von 1794 sind sowohl der Pranger (auf einem Stufenpodest) als auch das (überproportional vergrößerte) Marktzeichen der Freistädter Freyung zu sehen. Auf einem Bild der Stadt aus 1798 ist der Pranger dann nicht mehr abgebildet – eine Folge der Rechtsreformen unter Maria Theresia und Joseph II.

Die Jahrmärkte

Der älteste Markt war der Katharinenmarkt am 25. November. Als sich in Wien der, fast zum selben Zeitpunkt (am 15. November) stattfindende, Leopoldi-Markt immer mehr durchsetzte, wurde der Jahrmarkt in Freistadt auf den 25. Jänner (Pauli Bekehrung) verlegt. So entstand 1465 der große und berühmte Freistädter Paulimarkt, der in dieser Form im Jahr 1938 zum letzten Mal stattfand. Der Zeitpunkt im Winter – wenn man Schnee und Kälte unberücksichtigt lässt – war gut gewählt,

Eingang in die Pfarrgasse vom Hauptplatz.

fiel doch gleichzeitig »Maria Lichtmess« (am 2. Februar) in die Zeit des Jahrmarkts, jener Feiertag, an dem die Dienstboten, die Mägde und Knechte, ausbezahlt wurden und der jährliche Dienstbotenwechsel stattfand. Ein Teil des Geldes wurde so gleich in Waren umgesetzt.

Als öffentliche Ankündigung für den bevorstehenden Markt wurde zwei Wochen vor dessen Beginn vom Fenster des Rathaussaales unter Geläute durch den Mesen (Ratsdiener) das Marktzeichen, die Freyung, ausgesteckt und zwei Wochen nach dem Markt wieder eingeholt, zum letzten Mal 1938. Der Jahrmarkt selbst dauerte zwei Wochen, die Freyung wirkte also insgesamt sechs Wochen. Die Tage vor, während und nach dem Jahrmarkt waren voller Unruhe. Die Händler mussten mit ihren Waren anreisen, Unterkunft finden, ihre Pferde unterstellen und versorgen, die zum Verkauf stehenden Güter im Trubel abladen und sicher verwahren. Die hölzernen Stände mussten aufgebaut, während des Marktes betreut und bewacht, und natürlich nach dem Jahrmarkt wieder abgebaut werden. Mit den Wirten und Herbergen musste abgerechnet und die Fuhrwerke vor der Abfahrt wieder beladen werden.

Außerdem gab es noch Wochenmärkte für die Kleinhändler und Bauern auf dem Hauptplatz und einen Zwirnmarkt, der bei den Zwirnmachern in der in der Vorstadt gelegenen Spindelgasse abgehalten wurde.

Der Marienbrunnen

Eine Stadtansicht um 1500 zeigt ganz deutlich, dass (vermutlich seit Stadtgründung) am Hauptplatz ein Brunnen stand. Der jetzige barocke Marienbrunnen vom Linzer Bildhauer Johann Baptist Spaz ist aus Salzburger Marmor (»Märmel«) vom Untersberg und erhielt seinen Standort im Jahr 1704. Das oktogonale Becken ist in Felder gegliedert. Der wasserspeiende Mittelsteher mit Putti wird von der Figur Maria Immaculata bekrönt.

Und das Rathaus?

Es ist 1635 aus der Schulgasse 12 direkt auf den Hauptplatz ins Haus Nummer 21 (heute Gerichtsgebäude) übersiedelt und später, nämlich 1850, in den Zinispanhof am Hauptplatz 1, wo es sich seitdem befindet. Dieses Haus gehörte am Ausgang des Mittelalters bis 1473 der Familie Zinispan und hieß daher noch lange Zeit Zinispanhof bzw. Zinespanhof.

Messen und Wiegen in Zeiten uneinheitlicher Maße

Aus der später üblichen Bezeichnung »Alte Waag« lässt sich schließen, dass das heutige Rathaus vorerst den Handelszwecken der Stadt diente und dort das städtische Waag- und Mautamt untergebracht war. Die dahinterliegende Straße heißt noch heute Waaggasse.

Gerade zu Marktzeiten kamen Handelsleute aus den verschiedensten Gegenden und es gab noch keine einheitlichen Maße. Zur Gewichtsbestimmung von Handelsgütern waren Waagen unerlässlich und diese meist neben dem Rathaus eingerichtet. Der Platz im Zinispanhof war für die Waage aber scheinbar zu klein oder es gab andere Gründe, jedenfalls wurde 1571 vom Rat beschlossen, dass die Waage an das »Eck unter die Fleischbänke« (hinter das heutige Rathaus) transferiert werden sollte. (Awecker: Stadtwaage)

Über dem genuteten Erdgeschoß der Rathausfassade findet sich eine Riesenpilaster-Gliederung und darüber eine niedrige Attika. Das rustikagerahmte Renaissanceportal wird von einem Wappenstein mit der Bezeichnung 1710 bekrönt. Die Dreieckgiebel über den Fenstern im ersten Stock geben dem höchsten Gebäude des Hauptplatzes eine spezielle Note. Zahlreiche große Fenster und das mächtige Eingangstor lassen das Bauwerk neben der Ratsherrenstube als das Stadtamt – das Rathaus – erkennen.

Der Dichter Edward Samhaber

Eine an den Jugendstil angelehnte Gedenktafel für den Dichter Edward Samhaber an der Vorderseite gibt diesem Haus einen

Ein spätgotischer Erker an der Einmündung der Pfarrgasse in den Hauptplatz.

Akten über Akten im Gerichtsgebäude.

besonderen Akzent. 1846 in Freistadt geboren, war Samhaber Lyriker und Pädagoge. Er dichtete alt- und mittelhochdeutsche Texte nach, verfasste aber auch Mundartgedichte nach dem Vorbild Franz Stelzhamers und lebte bis 1878 in Freistadt, danach zog er nach Ljubljana.

Gericht und Altes Rathaus

Der Häuserblock neben der Stadtpfarrkirche an der Südseite des Stadtplatzes bildet eine Einheit. Es sind dies die an die mittelalterliche Stadtmauer angebauten Häuser Hauptplatz 21 und 22 sowie Schulgasse 10 und 12. Sie gehörten – zu unterschiedlichen Zeiten – entweder in ihrer Funktion zusammen oder waren räumlich verbunden.

Gotik und Renaissance sind hier in Stein gemeißelt. Nur von der Südseite her (Stadtgraben) kann man heute noch am Rathausturm und an den gotischen Fenstern erkennen, dass dieser Baublock die besondere Funktion der Stadtverwaltung innehatte; hier wurden im Mittelalter zuerst von Stadtrichtern, danach von Bürgermeistern und Räten Anordnungen für die Stadt getroffen.

Recht und Gericht

Freistadt war eine landesfürstliche Stadt und unterstand als solche in Bezug auf die Gerichtsbarkeit unmittelbar dem Landesfürsten. Diese übte entweder der Landesfürst selbst oder seine Vertreter aus, zu denen auch die Pfandinhaber der Herrschaft Freistadt gehörten.

Die Verwaltung der Stadt und auch die sogenannte niedere Gerichtsbarkeit oblagen dem Rat der Stadt. Dieser setzte sich aus dem Äußeren Rat, an dessen Spitze der Stadtrichter stand, der für die Gerichtsbarkeit zuständig war, und dem Inneren Rat zusammen, der mit dem Bürgermeister an der Spitze die Verwaltung der Stadt zu besorgen hatte.

Gericht und altes gotisches Rathaus von der Südseite.

Keller im alten Rathaus, heute Gericht.

Alltag eines Kerkermeisters

Vom Beginn der 1950er-Jahre bis zur Schließung des Gefängnisses 1964 war Franz Heindl Gerichtsaufseher, man nannte ihn *Kerkermeister*. Im Freistädter Arrest waren nur »leichte Jungs«, also solche, die eine Haftstrafe bis zu einem Jahr abzusitzen hatten. Durchschnittlich waren fünf Gefängnisinsassen zu beaufsichtigen. Insgesamt gab es 15 Zellen mit je zwei Betten. Vom Gang konnten die Öfen in den Zimmern mit Briketts beheizt werden. Zusammen mit seiner Frau hatte Heindl auch für das leibliche Wohl der Gefängnisinsassen zu sorgen. Gekocht wurde nach Vorschrift:

Erlass vom 28. Mai 1929 betreffend eine Neuregelung der Gefangenenverpflegung bei den Bezirksgerichten
1. Die Verköstigung der Gefangenen gehört zu den dienstlichen Obliegenheiten des mit der Aufsicht über die Gefangenen betrauten Beamten (Aufsichtsbeamten). [...]
2. Die gewöhnliche Kost der Gefangenen beträgt: täglich 450g Schwarzbrot, morgens eine Suppe, mittags eine Suppe und eine zweite warme Speise, abends 30g Fett (allenfalls Butter oder Magerkäse in demselben Anschaffungswerte) mit 50g Brot, dazu kommt an Sonntagen für alle Gefangenen mit Ausnahme derjenigen Strafgefangenen, die Strafen von 7 Tagen oder weniger zu verbüßen haben, 100g Fleisch in gekochtem Zustand ohne Knochen.

Hauptplatz 21, 1635–1850
ehemaliges Rathaus, dann Gericht

Der mächtige Eckbau an der Weyermühlstiege (ehemaliges Posttürl) bestand ursprünglich aus zwei Häusern, über deren Eigentümer Aufzeichnungen seit den 1480er-Jahren vorliegen. Joachim Stangl (auch Stängl), Amtsschreiber und späterer Pfleger der Herrschaft Freistadt, baute das Objekt 1571 mit dem Haus Schulgasse 12 zusammen und schloss auch den rückwärtigen Teil an die Stadtmauer an, was bis zu diesem Zeitpunkt verboten war. 1635 konnte die Stadt diesen in

Abgang und Detail im Kerker des alten Rathauses, heute Gericht.

unmittelbarer Nähe des Rathauses liegenden Renaissancepalast erwerben, weil ein Nachfahre des Joachim Stangl sich der Gegenreformation zu sehr widersetzte, das Haus daher konfisziert wurde und in Folge billig zu erwerben war. Es wurden hier Büros der Rathausverwaltung untergebracht. Dieses Gebäude ist mit seinem Nebenhaus und der Kirche ein Glanzpunkt an der Südseite des Hauptplatzes. Zahlreiche Umbauten hat das Haus zuletzt Ende der 1960er-Jahre über sich ergehen lassen müssen. Trotz allem: Im Inneren sind noch Spuren sämtlicher Stilelemente zu finden.

Eine Besonderheit stellt der Keller mit Tonnengewölben und Kerker dar, herausragend aber ist die Renaissance-Fassade. Der Mittelerker ragt wie ein Turm über das Dach hinaus, vollendet mit einem gekuppelten Rundbogenfenster und Dreieckgiebelbekrönung. Zusammen mit dem Symbol des Bundesadlers über dem Eingangstor weist er auf die Obrigkeit hin, und die hatte genau zu beobachten, wie uns auch die seitlichen, inzwischen zugemauerten Spionfenster zeigen. Verzierte Steinkonsolen, gestützt ebenfalls von dekorierten Steinpfeilern, tragen diesen Erker.

■ **Oben:** Im ehemaligen Rathaus befindet sich heute der Verhandlungssaal des Bezirksgerichtes. **Unten:** Renaissance-Portal ins Bezirksgericht.

Etwas hineinversetzt liegt der Eingang ins Gebäude – es ist *das* Renaissanceportal Freistadts schlechthin. Florale Verzierungen, Ornamentfelder und fünfblättrige Rosen (Rosenberger!) sind in den Stein gemeißelt. Die runden und eckigen Sockelsteine des Tores, auch in Funktion als Radabweiser, zeigen, dass hier vom Erbauer Ende des 16. Jahrhunderts Wert auf gutes Fundament gelegt wurde. Die einige Meter hinter dem Steintor liegende automatische Glastür gibt sich zurückhaltend modern, überrascht aber mit ungewöhnlichen Stadtmotiven, die Spiegeleffekte ergeben. Neben dem Eingang vollenden ein weiteres Bogentor und zwei Rundbogenfenster mit ähnlichen Verzierungen wie am Haupttor das Erdgeschoß. Nicht Rosen sondern Radsterne sind hier das Zierelement. Im ersten und zweiten Stock, auch am Erker wurden die Fenster gerade verdacht, teils noch mit spätgotischen Gewänden.

Gotik im Inneren des Rathausturms.

■ **Hauptplatz 22**

Dieses Haus wird schon 1405 urkundlich erwähnt. 1588 war eine Apotheke darin untergebracht, die an diesem Standort mit unterschiedlichen Besitzern etwa 130 Jahre bestand. 1803 wurde dort ein Kaffeehaus eingerichtet, 1823 ein Gasthaus. Jetzt sind in dem Haus eine Bank und eine Rechtsanwaltskanzlei beherbergt, davor war es das bekannte Gasthaus Postl. Der in Richtung Hauptplatz vorspringende Teil existierte im Mittelalter noch nicht. Beim Umbau 1978/79 kam die ehemalige 60 cm starke steinerne Westmauer, die frühere Außenmauer, mit noch sichtbaren steingefassten Tür- und Fensteröffnungen zum Vorschein. So wie es sich heute zeigt, ist der eine Teil ein herrliches dreiachsiges Gotikhaus. Ein breites Spitzbogentor mit Diamantstabdekor sowie Segmentbogenfenster in verziertem Rechteckrahmen sind zu sehen und ein Breiterker aus zum Teil erneuerten spätgotischen Konsolen kommt wieder zur Geltung. Der vorspringende zweiachsige rechte Hausteil hingegen ist schlicht gehalten; beide gehören heute zusammen.

Es gibt einen urkundlichen Beleg, dass das Haus um 1520 im Besitz des Malers Lienhart Krapfenbacher war, der Großartiges schuf. Sein Waldburger Flügelaltar ist ein herausragendes Werk der Spätgotik in Österreich. Ob er auch seine Altarwerkstatt hier hatte, ist nicht nachweisbar. Als Werkstatt kommt (laut Dehio) auch das Haus in der Böhmergasse 9 in Betracht.

■ **Schulgasse 12, ehemaliges erstes Rathaus bis 1635 mit Rathausturm**

Dieses Gebäude war das eigentliche alte Rathaus der Stadt. Beim großen Stadtbrand von 1507 ging das Haus samt Archiv zugrunde, weshalb über die Anfänge der Selbstverwaltung der Stadt nur wenig bekannt ist. Auch das, worauf die Freistädter immer wieder pochten, ist vernichtet worden: ihre verbrieften Privilegien. Doch das Feuer hat nicht alles ergreifen können. Das »Triehl«, die Dokumentenkiste im Rathaus, aber auch wertvolle Belege in einem feuersicheren Gewölbe neben dem

Ratssaal haben den ersten und zu einem guten Teil auch den zweiten riesigen Stadtbrand von 1516 überstanden.

Das Gebäude wurde danach neu errichtet und 1522 ein neuer, repräsentativer Turm mit Zinnen eingebunden. 1571 wird es von Joachim Stangl mit dem großen Nebenhaus Hauptplatz 21 (heute Gericht) zusammengebaut und 1850 verliert es seine Funktion als Rathaus. Es war auch mit dem Objekt Schulgasse 10 verbunden.

Von der Schulgasse aus gesehen ist die über das Eck laufende Fassade unscheinbar. Nichts außer einer Hinweistafel deutet auf das ehemalige Rathaus hin. Von der Südseite ist das aber völlig anders. Überragend steht der zinnenbekrönte Rathausturm vom Stadtgraben aus gesehen an der Stadtmauer. Gekuppelte spitzbogige Fenster mit Dreipass-Schluss auf gefastem Mittelpfeiler, dahinter ein Saal mit mächtiger spätgotischer Riemlingdecke und auch der Rüstbaum mit barockem (?) Blütendekor zeugen von der einstigen »Rats-Größe«. In diesem, heute als Verhandlungssaal des Gerichtes genutzten Raum bleibt wohl vielen dessen Schönheit verschlossen. Links im Nebenhaus Schulgasse 10 ist ein verdachtes Renaissance-Doppelfenster auf einem schlanken Mittelsteher mit zeitgleich entstandenem Rautengitter zu entdecken; rechts neben dem Turm gerade verdachte Fenster, teilweise mit spätgotischen Gewänden. Die hohen Blendmauern vermitteln Unüberwindbarkeit. Das ist einer der prächtigsten Aufblicke Freistadts (siehe Seite 57).

Ein Büro mit außergewöhnlicher Holzdecke im Gerichtsgebäude.

Ein Gotteshaus für die aufstrebende Stadt am Nordwald

Es wird angenommen, dass es zum Zeitpunkt der Stadtgründung bereits zwei Kirchen in der näheren Umgebung gab. Die älteste, heute in der südlichen Vorstadt gelegene Johanneskirche und – für die Siedler der Gegend – die Pfarrkirche in St. Peter auf dem Berg im Westen. Dennoch war eine *eigene* Kirche ein selbstverständliches Anliegen der Bürger der jungen

Schlingrippengewölbe im Ostchor der Stadtpfarrkirche.

Gründungsstadt. Und natürlich war auch ein würdiger Platz dafür vorgesehen.

An der höchsten Stelle der Stadt, den südlichen Hauptplatz dominierend und außerdem neben dem (damaligen) Rathaus gelegen, gehörte die Kirche zu den ersten wichtigen Bauten. Ein Ablassbrief aus dem Jahr 1288 ist die erste überlieferte Urkunde, in der sie als *Pfarrkirche* Erwähnung findet. In den ersten beiden Jahrhunderten nach der Stadtgründung war Freistadt noch eine Filialkirche der Neumarkter Mutterkirche gewesen, obwohl die Stadt schon im 13. Jahrhundert eine eigene Pfarre war. Die rasche Stadtentwicklung und auch die rege Stiftungsbereitschaft der Freistädter Bürger lieferten die Voraussetzung dafür.

Der Glaube und mit ihm das kirchliche Leben waren essenziell für die Menschen und so sorgten sie großzügig für ihre religiösen Stätten. Es herrschte liebevolle Verbundenheit zwischen den frommen Bürgern und »ihrer« Pfarrkirche St. Katharina, in der 1354 bereits drei Geistliche im Einsatz waren.

Stimmungsvoll – die Taufkapelle der Stadtpfarrkirche.

Eine fünfschiffige Basilika – einzigartig in Österreich

Im ausgehenden 13. Jahrhundert als dreischiffige romanische Kirche mit dem Grundriss eines lateinischen Kreuzes errichtet, wurde der Bau im 14. und 15. Jahrhundert prächtig gotisiert und auf eine fünfschiffige Pfeilerbasilika erweitert. Die Barockzeit brachte einige bauliche Veränderungen, bevor im 20. Jahrhundert die ursprüngliche Gotik weitgehend wiederhergestellt wurde. Vom ursprünglichen Bau sind noch wesentliche Teile erhalten, etwa jener Bereich der Mauer, der vom Südportal über die Westseite bis zum Nordportal reicht. Die Außenwände haben noch keine Sockel, wie es zu jener Zeit (Ende 13. Jahrhundert) üblich war.

Der Innenraum ist durch acht Säulen, die achteckig ausgeführt sind, und darauf ruhenden spitzbogigen Arkaden in drei Schiffe unterteilt. Die Sockel der Pfeiler sind gedrungen, mit einer auffallenden flachen Mulde im ebenfalls flach gehaltenen Profil. Die spitzen Arkaden, auf denen die obere Außenwand des Mittelschiffs ruht, sind an ihren Kanten einfach gekehlt.

Die Orgel an der Westseite.

Der Ursprungsbau war also aus kunsthistorischer Sicht eine Basilika – das Mittelschiff war ungefähr doppelt so hoch und doppelt so breit wie die beiden Seitenschiffe, die (bis heute) mit Pultdächern abgeschlossen sind. Das Mittelschiff ist mit einem Satteldach gedeckt. Alle drei Schiffe hatten im Gründungsbau eine flache Balkendecke, die Gewölbe entstanden erst ein Jahrhundert später. Der Turm wurde gleichzeitig mit dem Langhaus errichtet, er befindet sich neben dem (später errichteten) Ostchor in Richtung Hauptplatz.

Zuerst karge Schlichtheit …

Das erste Gotteshaus der jungen Stadt war von außerordentlicher Kargheit; außen Mauerflächen mit eingeschnittenen schmalen Lanzettfenstern ohne Maßwerk. Das Armutsideal der Bettelorden, das ausschließlich Zweckmäßigkeit zuließ, hatte großen Einfluss auf die schlichte Architektur des 13. Jahrhunderts. Als deutlich fortschrittliches Zugeständnis an die Gotik können immerhin die bereits spitzen Bögen bei Fenstern, Türen und bei den Arkaden bezeichnet werden. Ein weiteres wesentliches Merkmal der Gotik weist der Bau aber nicht auf – ein Strebewerk. Die Kirche hatte wohl auch ohne Strebepfeiler ausreichend statische Stabilität durch geschlossenes Mauerwerk zwischen den hohen Fenstern.

… dann der Glanz der Gotik

Nicht einmal 100 Jahre nach seiner Errichtung ging man – mithilfe einer Stiftung – an die Verschönerung des Innenraums. Die gotische Bauweise hatte sich mittlerweile durchgesetzt und die Basilika St. Katharina erhielt zu dieser Zeit eine gewölbte Innendecke mit Kreuzrippen. Das Wappen des großzügigen Stifters Hans Taschner auf einem Schlussstein im Gewölbe lässt Rückschluss auf die Entstehungszeit 1385 zu. Platzmangel zwang schließlich zu Erweiterungsmaßnahmen, Süd- und Nordwand wurden geöffnet und die Kirche um je ein kurzes dreijochiges Seitenschiff ergänzt. Eine Basilika mit fünf Schiffen war entstanden.

Das Hauptschiff mit Ostchor.

Vor 1465 wurden an der Westwand die Michaelskapelle und ihre Ausstattung gestiftet. Die ursprüngliche, nur mehr reduziert vorhandene Wandmalerei lässt auch heute noch deutlich eine Kreuzigungsszene mit zahlreichen Figuren erkennen.

Die Bauhütte Mathes Klayndl

Die Gotik erlebte zu dieser Zeit einen glanzvollen Höhepunkt in Freistadt, auch der Kefermarkter Altar war in diesen Jahren fertiggestellt worden. Im Mühlviertel bildeten sich um diese beiden Kirchen weitere Zentren reger Bautätigkeit, die insbesondere bei der Weiterentwicklung der Bogen- und Schlingrippenfigurationen große Bedeutung erlangten.

Freistadt war im Mittelalter auch Sitz einer Altarbauwerkstatt. Diese befand sich möglicherweise am Hauptplatz im Haus Nummer 22. Das Gebäude wurde mittlerweile durch einen Neubau ersetzt – nur noch die wieder eingebauten gotischen Teile erinnern an das Original. Benno Ulm hat an diese Freistädter Werkstatt, deren Existenz erst für die Zeit nach den beiden großen Stadtbränden belegt ist, die Hypothese geknüpft, dass in ihr der Kefermarkter Altar entstanden sei. Das ist, nachdem sich die Identifizierung des Meisters mit dem Passauer Martin Kriechbaum nun doch weitgehend durchgesetzt hat, kaum noch aufrechtzuerhalten. Hingegen darf Lienhart Krapfenbacher, dem überlieferten Inhaber der Freistädter Werkstatt in den Jahren nach dem Stadtbrand, dank der Funde Ulms die Ausstattung der nahen Pfarrkirche von Waldburg zugeschrieben werden (Schultes: Flügelaltäre).

Zurück zur Stadtpfarrkirche. Vom Freistädter Steinmetzmeister Mathes Klayndl wurde zwischen 1483 und 1501 der Ostchor neu gebaut und mit einem bemerkenswerten, meisterhaft gefertigten, dynamisierten Schlingrippengewölbe versehen. Es ist das früheste, voll ausgebildete monumentale Rippengewölbe Oberösterreichs und zeigt reich verschlungene, weiträumig angeordnete Rippen aus Kreisbögen, die im Gewölbescheitel kurvige Rippensterne ausbilden. Die Bewegtheit der Gewölbefiguration ist auch in den mehrschichtigen Verschneidungen

▪ Erleuchtet – ein Sitzplatz auf der Empore.

▪ Die zwei südlichen Seitenschiffe der Stadtpfarrkirche.

Gotik und Barock in der Stadtpfarrkirche.

Fantasieblumen auf der südlichen Empore der Stadtpfarrkirche.

der in sich gedrehten Rippenprofile deutlich erkennbar. Die Urkunden sprechen eindeutig für eine Ausführung durch Mathes Klayndl.

1501 wurde außerdem an der Nordseite der Kirche eine kleine, feine Kapelle angebaut, sie dient heute als Taufkapelle. Das Katharinenmünster musste im reichen Freistadt um 1500 einen wahrhaft prächtigen Anblick geboten haben.

Nach dem Feuer die große Wende: Reformation

Dann kam das Feuer. Die Stadtbrände 1507 und 1516 ließen außer den Steinmauern und Gewölben nichts übrig von dem, was in der Stadtpfarrkirche St. Katharina über die Jahrhunderte von den reichen und frommen Stadtbürgern finanziert und von gotischen Handwerksmeistern geschaffen worden war. Die kostbaren Altäre, Bilder, Skulpturen, das Kirchengestühl, aber auch die Glocken wurden vom Feuer vernichtet. Diese Katastrophe bedeutete zugleich das Ende der Gotik und des Mittelalters in Freistadt.

Im Gewölbe der südlichen Seitenempore findet sich ein beeindruckendes Beispiel vegetabiler Gewölbemalerei mit großformatigen Fantasieblumen. Unklar ist deren genaue Entstehungszeit, bisweilen wird das Ende des 15. Jahrhunderts angegeben, es ist jedoch schwer vorstellbar, dass die Malerei die beiden verheerenden Stadtbrände überstanden haben soll. Die florale Kostbarkeit weist viel eher auf den Stil der anschließenden Renaissance hin.

1517 schlug Martin Luther im 400 Kilometer entfernten deutschen Wittenberg seine 95 reformatorischen Thesen ans Hauptportal der dortigen Schlosskirche an – bekanntlich mit weitreichenden Folgen. Die Reformation erreichte Freistadt genau in jener Zeit nach dem zweiten großen Stadtbrand, als man dabei war, die zerstörte Katharinenkirche wieder herzurichten und auszustatten. Der Protestantismus hatte sich auch in Freistadt durchgesetzt, die einstmals große Spendenfreudigkeit war auf einem Tiefpunkt angelangt, die Gläubigen

waren verunsichert. *Wenn das Geld im Kasten klingt, die Seele aus dem Fegefeuer springt.* Der Ablasshandel wurde verboten. Die wiedererrichtete Kirche war nur noch Versammlungsort und nicht mehr Gotteshaus, bei der Ausstattung begnügte man sich mit dem Notwendigsten.

Am Beginn des 17. Jahrhunderts wendete sich das Blatt, beinahe alle Bewohner Freistadts wurden wieder katholisch. St. Katharina erhielt 1647 einen neuen Hochaltar, den Meister Hans Hens schnitzte. Der 15 Meter hohe und 7 Meter breite Altar ist nicht mehr erhalten – er wurde im 19. Jahrhundert abgetragen. Das zeitgleich entstandene dazugehörige Altarbild von Adrian Bloemaert „Martyrium und Glorie der hl. Katharina« ist heute noch im Ostchor zu bewundern. Die Rekatholisierung gipfelte Ende des Jahrhunderts schließlich in einer einfachen Barockisierung der Kirche. Im Obergeschoß, das über die Sakristei erreichbar ist, sieht man zum Beispiel die barocke Ausstattung von Carlo Antonio Carlone aus 1690. Erst im 18. Jahrhundert kehrte die Pracht in der Ausstattung zurück, mit den Seitenaltären und Beichtstühlen, der Orgelempore und den Kommuniongittern aus Marmor. Johann Michael Prunner hat mit dem Kirchturm eines seiner letzten barocken Meisterwerke geschaffen. Der Turm besitzt in halber Höhe eine Stube mit vier Balkonen, einen in jede Himmelsrichtung, in der damals der Türmer untergebracht war. Im 19. Jahrhundert wird der Ostchor wieder neu gotisiert. Die barocken Elemente der Kirche überdauerten die Zeit bis zum Generalumbau im Jahr 1967. Danach verblieben allerdings nur die wertvollsten barocken Bestandteile. So wurde die Ummantelung der Pfeiler entfernt und die darunterliegenden gotischen Säulen kamen zum Vorschein. 2005 wurde die Orgel und 2009 die Turmfassade erneuert.

Das Stiftungswesen – vom Umgang mit Armut und Krankheit

Die Bürger Freistadts waren gut organisiert und es wurde auch mit mittelalterlichem Gemeinschaftsgeist gewissenhaft für die Bedürftigen gesorgt – für die Kranken, die Alten und die Armen. Die Fürsorge wurde von der Gemeinschaft der Gläubigen auf Initiative Einzelner und nicht etwa von der Kirche als Institution oder vom Magistrat getragen. Gottesliebe oder noch häufiger die Sühne als Gegenleistung für den Sündenerlass offenbarten sich in praktischer Nächstenliebe durch Stiftungen. Vermutlich entstand schon vor 1300, also kurz nach der Stadtgründung, vor dem Böhmertor ein Bürgerspital mit einer Kirche, finanziert durch Stiftungen tiefreligiöser, großzügiger Bürger. Das Spital verfügte über verstreut liegende Grundstücke, die die jeweiligen Gönner (und manchmal gleichzeitig auch die pflegebedürftigen Nutznießer) stifteten. Das Spital wurde so im Lauf der Zeit immer reicher und schließlich zur »Herrschaft« einer beachtlichen Anzahl von Untertanen und Ländereien und damit auch land- und forstwirtschaftlichen Erträgen. Eine erste urkundliche Erwähnung erfolgte 1311. In erster Linie wurden in einem Spital alte und behinderte Menschen versorgt, aber natürlich auch Kranke. Es wird angenommen, dass dieses Spital östlich der Liebfrauenkirche, der damaligen Spitalskirche, gestanden ist. Die topografische Lage war jedoch keine sichere, sondern der Bau präsentierte sich außerhalb des Mauerrings vollkommen schutzlos potenziellen Feinden. Und es kam, wie es kommen musste: Als 1426 die Hussiten nicht in die Stadt eindringen konnten, zerstörten sie neben den Vorstädten auch das Spital und die Kirche. Letztere baute man wieder auf, auch deshalb, weil rundherum der Stadtfriedhof lag. Für das Spital fand man eine andere Lösung. Es wurde damals (spätestens um 1430) vom Norden in das im Süden liegende Siechenhaus bei der Johanneskirche verlegt (siehe Seite 77). Dort blieben diese Sozialeinrichtungen dann über mehrere Jahrhunderte bis zum Zweiten Weltkrieg. 1551 erschienen Pestordnungen,

Die Liebfrauenkirche außerhalb der Stadtmauer.

die Menschenansammlungen verboten und sanitäre Maßnahmen vorgaben. *In diesem Jahr wütete die Pest in Freistadt in einem Ausmaß, dass viele Bürger die Stadt verließen und sich fluchtartig nach Linz begaben, wo sie sich niederließen, zum Teil sogar ankauften* (Alpi: Bürgerspital).

Die Pestfälle der ersten Seuchenperiode um 1551 wurden vom Siechenhaus ferngehalten. Aber bei der nächsten Krankheitswelle 1562 gab es erneut viele Pestopfer in der Stadt, nachweislich im Spital. Für das Jahr 1560 sind etwa *28 arme und sieche* Personen überliefert. Jeder gesunde Insasse war in angemessenem Ausmaß zur Mithilfe bei der Garten-, Stall- oder Küchenarbeit verpflichtet oder auch zur Krankenpflege eingesetzt. Die alltägliche Behandlung von Kranken beschränkte sich hauptsächlich auf die Anwendung von Hausmitteln, in besonderen Fällen rief man den Bader oder den Arzt.

Weiters gab es noch das Spenthaus in der Samtgasse, eine Sozialeinrichtung für verarmte Bürger. Ein gewählter Spentmeister überwachte das Budget, das ebenfalls aus Bürgerstiftungen lukriert wurde. 1616 wurde es aufgelöst und die Insassen in das Bürgerspital übersiedelt. 1790 erbaute man dort ein neues, dreistöckiges Haus, das bis vor Kurzem noch stand. Geistliche Schwestern betreuten die darin lebenden Menschen bis zum Jahr 1938. Ab 1944 war das Haus ein Entbindungsheim, später wurde es verkauft und zu Wohnungseinheiten umgebaut. 1947 wurde im ehemaligen Kapuzinerkloster ein städtisches Krankenhaus eröffnet, das im Jahr 1992 in die Vorstadt in einen großen Neubau übersiedelte.

▬ Die Liebfrauenkirche

Um 1300 wurde im Nordosten der Stadt, außerhalb der Mauern, eine kleine Kirche beim Spital gebaut, die 1345 zum ersten Mal erwähnt wird, 1361 abbrannte und 1426 von den Hussiten zerstört wurde. Anschließend errichtete man sie im gotischen Stil neu, fügte 1447 den Ostchor an und gab 1482 das Fresko »Marienkrönung« in Auftrag. Wegen ihrer peripheren Lage konnten die beiden großen Stadtbrände der Kirche nichts an-

Die Frauenkirche vom Bergfried aus gesehen.

haben. Seit 1345 diente der Raum um die Kirche als Stadtfriedhof (zuvor wurden die Freistädter im ca. 2 km entfernten Friedhof St. Peter begraben), die Kirche wurde zur Friedhofskirche und diente in der Zeit der Reformation den Protestanten als Gotteshaus, weshalb sie 1626 in den Wirren des Bauernkrieges von den Aufständischen verschont wurde. Auf dem Areal des alten Stadtfriedhofs, der 1855 aufgelassen wurde, errichtete man das Kloster der Schulschwestern; es beherbergt heute eine Höhere Lehranstalt für wirtschaftliche Berufe.

Von den gleichen Künstlern, die die Katharinenkirche im Stadtzentrum im 17. Jahrhundert mit Altar und Altarbild ausstatteten (Hans Hens und Adrian Bloemart) wurde in der Liebfrauenkirche ein Altar errichtet. Über dem Altarbild von Bloemart befindet sich ein Marienbild vom Münchner Maler Ludwig Glötzle, einem Studienkollegen des Freistädter Malers Karl Kronberger, dem man lange Zeit irrtümlicherweise das Bild zugeschrieben hatte.

Das gotische Westportal mit Spitzbogen, Krabben und Kreuzblume trägt ein Marienbild aus der Zeit nach dem Zweiten Weltkrieg. Über dem Südportal ist zwischen zwei Strebepfeilern und unterhalb eines Rundfensters das oben genannte Fresko zu sehen.

Der lichtdurchflutete Ostchor der dreischiffigen Kirche beherbergt ein besonders kostbares gotisches Kunstwerk, die Ewige-Licht-Säule aus dem Jahr 1484, die als Totenleuchte in früheren Jahrhunderten noch außerhalb der Kirche im Friedhof stand. Sie wird Mathes Klayndl zugeschrieben und gilt als einer der bedeutendsten Kunstschätze Freistadts. Auf einem runden Sockelstein ist ein zwei Meter hoher, fünfseitiger Schaft aufgesetzt. Links neben einem steinernen Weihwasserbehälter, hinter einem durchbrochenen Türchen, findet sich eine Ampel aus Zinn, die über einen Rollzug in den oberen Teil der hohlen Lichtsäule gezogen werden konnte und auf gleicher Höhe zwei Butzenglasscheiben aufweist. Die Säule trägt die Jahreszahl 1484 und darunter das auffällige Hauszeichen des Stifters Wolfgang Horner, der Bürgermeister, Stadtschreiber und Stadtrichter in Freistadt war. Die Kanten des Schaftes sind mit Rundstäben gefasst und nach innen weiter profiliert. Darüber befindet sich das zwei Meter hohe, eigentliche Laternengehäuse mit einem Fenster auf jeder Seite. Über diesen erheben sich gotische Spitzbogenfelder, die gemeinsam mit den Säulen an den Kanten in verschlungenen Fialen enden. Weitere zwei Meter misst das zierliche, aufgesetzte Türmchen mit Krabben und Kreuzblume, als oberer Abschluss dient ein neues eisernes Kreuz.

Die Johanneskirche

Der romanische Teil dieser im Süden der Stadt gelegenen Kirche weist auf eine mögliche Entstehung im 12. Jahrhundert hin. Sie lag in sicherer Entfernung zur Stadt, sodass man sich entschloss, neben ihr das Siechenhaus, also das Krankenhaus einzurichten. 1378 wird es zum ersten Mal erwähnt. 1385 stiftet und baut Hans der Taschner den gotischen Chor. 1789 wurde sie profaniert, von der Stadt gekauft und von der Braucommune verwaltet.

Das »Alte Krankenhaus« in der Zemannstraße

Das Gebäude in der Zemannstraße 29 und der Meierhof auf Nr. 25 wurden zur Zeit der Gegenreformation Mitte des 17. Jahrhunderts (1643) als Kloster der Kapuziner errichtet: das »Kloster Sankt Maria« entstand (1654–1785).
Die Kapuzinerpatres blieben 130 Jahre dort und kümmerten sich insbesondere um die Rekatholisierung der Bevölkerung nach der Reformation, aber auch um die Seelsorge.
Im Josephinismus wurde das Kloster 1785 säkularisiert, bis auf zwei Patres mussten alle Ordensbrüder das Kloster verlassen. Danach wurde der Bau unterschiedlich genutzt.
Von den Freistädtern wird es immer noch als »Altes Krankenhaus« bezeichnet. Es bestand bis zur Eröffnung des heutigen »Neuen Krankenhauses« im Jahr 1992.

Immer wieder Schutt und Asche

Dass auch vor dem großen Stadtbrand im Jahr 1507 das Feuer in Freistadt des Öfteren gewütet hat, ist belegt. Bis ins 15. Jahrhundert gab es noch zahlreiche Holzbauten in der Stadt und die Flammen fanden so reichlich Nahrung. Aufzeichnungen über solche Unglücke hat es sicher gegeben, aber auch vor denen machte das Feuer keinen Halt. Sie sind *verbrunnen*. Nur mehr wenige Hinweise auf Brände im 14. und 15. Jahrhundert haben sich im Stadtarchiv erhalten; und das Schriftmaterial bezüglich der Brände aus dem 13. Jahrhundert ist dünn gesät. Was hat die Stadt nicht alles getan, um Feinde abzuwehren! Wenn man von der Eroberung durch die »eigenen« Bauern 1626 absieht, waren die Freistädter bei der Feindabwehr erfolgreich. Der Stadtgraben und die Stadtmauern gaben einen Schutzmantel, der nicht durchbrochen werden konnte. Eine oft unkalkulierbare Gefahr lauerte aber ständig in der Stadt, in jedem Haus – das Feuer. Es wurde zwar sorgsam gehütet, weil seine Gegenwart gleichzeitig erforderlich war, aber manchmal war es allzu schnell um Haus und Hof geschehen. Immer wieder wurden so ganze Straßenzüge oder Stadtteile in Asche gelegt.

Einen frühesten Nachweis einer Feuersbrunst in Freistadt gibt es in der sogenannten *Continuatio Sancrucensis secunda* zum Jahr 1252 (Bayerisches Staatsarchiv); dort ist in Latein angeführt, *dass nach Ostern dieses Jahres die ganze Stadt durch ein Feuer zerstört wurde, sodass nicht ein Haus bewohnbar blieb. Viele Menschen sollen durch das Feuer umgekommen sein* (Monumenta Germaniae Historica MGH SS IX 643, Just: Frühgeschichte, Übers. d. Verf.). Bis Juli 2012 war diese Notiz der einzige Hinweis; aber mittlerweile gibt es auch materielle Beweise dafür (siehe Seite 82).

Aus dem Jahr 1361 ist ein Brief von Bürgermeister, Richter und Rat der Stadt registriert, *um Hilf zu erbauung des verbrunen Spitalls vnd Ernehrung der armen Leith daselbsts*. Die

Dunkle Wolken über der Stadt; oft waren es Rauchwolken.

Waffen gegen das Feuer – Löschkübel und Spritze.

damalige Politik Rudolf IV. war es, nach Brandunglücken den Wiederaufbau der Städte möglichst rasch zu forcieren, und zwar durch den Zwang, *alle verödeten Häuser binnen Jahresfrist wieder aufzurichten*. Das galt für das ganze Land, nicht nur für Wien, das ihm besonders am Herzen lag.

Schicksalsjahr 1507 – der erste große Stadtbrand

Anfang des 16. Jahrhunderts war der »Heilige Bezirk« Ausgangspunkt für eine Katastrophe, bei der die ganze Stadt abgebrannt ist.

Am 13. September des Jahres 1507, das ist am Kreuzerhöhungsabend, um 3 Uhr nachmittags brannte die Stadt ab. Das Feuer kam »in der Höll« aus und zwar im alten Pfarrhof, der damals aus 2 Benefiziatenhäusern bestand, und zwar zwischen dem Kirchengassel und dem Pfarrhof gelegen. Von diesen Häuschen waren das eine vom »Pfaff Guetmann« und das andere vom Benefiziaten Johannes Huetter bewohnt, bei dem das Feuer ausbrach.
Es ergriff bald sämtliche Häuser der Stadt, die alte Burg, die Kirche und die Kirchentürme, die Stadtbefestigung mit ihren Toren, Türmen und Basteien und Wehrgängen, die inneren und äußeren Stadtmauern. Auch ein Teil des Archivs ging dabei zugrunde. Darüber wird folgendes berichtet:
»Die stuben im rathauß sambt dem alten statpuech, darinn alle alte geschicht und herkumen begriffen gewest und andre der Stadt notdurftig viel briefliche Urkunden und villerlei uralt privilegien sind verprunnen; gleichwol blieben vil alte Schriften erhalten, sunderlichen deren man nicht bei handen bedurft, aus ursach, daß dieselben in einem gewelb nahen bei der erdt verhalten worden; was man aber täglichen bei der hand bedurft, darunter maut- und Straßensachen, ist verprunnen.« 28 Leute, jung und alt, kamen in den Flammen um; nur die neue Burg und die Häuser in den Vorstädten blieben vom Feuer verschont (Nößlböck: Brände).

1516 – Die Wiederholung des Elends

Kaum gab's ein Durchatmen, ein Großteil war wieder aufgebaut, wird 1516 in der Freistädter Chronik vermerkt:

1516 Jar an sand Giligen tag in der vierden stund nach mittag ist abermalln die Freinstat ausprunen an allein die Zäll zenagst hoff gegen dem tuerdl hinauf 10 heusser darvon komen und ist auskomen bey dem Erhart Schuester gegen Altnhoff über und sind 19 berson verdorben (Grüll: Freistädter Chroniken).

Wie Phönix aus der Asche – dank Unterstützung durch den Kaiser

Allein hätten die Freistädter diese Schicksalsjahre wohl kaum bewältigen können. Hilfe kam und wurde auch angeordnet. Kaiser Maximilian I. gewährte der landesfürstlichen Stadt beträchtliche Steuernachlässe. So konnte Freistadt nach den zwei großen Bränden eine Steuerfreiheit durch 14 Jahre hindurch erlangen. So ganz ohne Hintergedanken geschah dies aber nicht. Von der blühenden Handelsstadt gab es ansonsten kräftige Steuereinnahmen für den Kaiser und bei kriegerischen Auseinandersetzungen forderte dieser eine Menge zusätzlicher Abgaben. So war es nicht verwunderlich, dass man Freistadt möglichst schnell wieder auf die Beine helfen wollte. Die Anordnungen Kaiser Maximilians hatten Auswirkungen auf das Stadtbild, die bis heute sichtbar sind. Aber zuerst noch zu drei weiteren Bränden.

Im Gasthaus zur Sonne in der Salzgasse war 1815 Feuer ausgebrochen. Der westliche Stadtteil vom Altenhof bis zur Durchmarschkaserne neben dem Turm im Winkel wurde weitgehend zerstört. Beinahe zwei Jahrzehnte blieb die Kaserne eine Brandruine, bis man sich 1834 entschloss, das Gebäude und den Turm im Winkel abzutragen und in der Verlängerung der St.Peter-Gasse eine Brücke über den Stadtgraben zu errichten. Somit öffnete sich ein weiteres »Tor« zur Stadt, das geeignet war, größere Transporte zu ermöglichen. Man kann behaupten, dies war die Rettung für das Linzer- und das Böhmertor; ein Bauernopfer für König und Dame!

Der herrschaftliche Wachposten – Türmerstube auf dem Bergfried.

■ Wiener Pfennig, o. J. (1236/51) 0,63 g, Durchmesser 1,8 cm.

■ *Zu Hilfe, Freistadt in Flammen.*
Die Brandkatastrophe von 1880

Es war um ½ 12 Uhr Mittags, als der Thürmer in Freistadt ein Kaminfeuer in der dortigen Kaserne (im Schloss) signalisierte, welches jedoch noch vor Eintreffen der Feuerwehr von den Soldaten vollkommen gelöscht wurde.

Eine halbe Stunde später stand aber das mit Schindeln bedeckte Dach der Jägerkaserne (im Schloss) in Flammen. Die Feuerwehren aus der gesamten Region kamen zu Hilfe. Um 12.45 Uhr erhielt die Linzer Gemeindevorstehung das Telegramm: *Zu Hilfe, Freistadt in Flammen.* Daraufhin organisierten die Linzer einen Separatzug (= Eisenbahn) für die Wehr, der in eindreiviertel Stunden, um 15.15 Uhr Freistadt erreichte; die Linzer Feuerwehr wurde mit Hurrarufen begrüßt.

Abgebrannt ist die Nordseite des Platzes, die Böhmergasse, der größte Theil der heiligen Geistgasse, die untere Waaggasse und die Nordseite der Sammtgasse. […] Die Vernichtung von 37 Häusern findet ihre Bestätigung. Menschenleben ist glücklicherweise keines zu beklagen. Die armen Soldaten, welche mit Heldenmuthe gegen das verherrende Element angekämpft, waren alle äußerst erschöpft (Linzer Tages-Post).

■ Brandspuren – ganz neue Erkenntnisse!

Bei Umbauarbeiten im Haus Böhmergasse 9 im Jahr 2009 kam bei der Entfernung der Böden immer wieder Brandschutt zum Vorschein. Eine Balkendecke im ersten Stock wies ebenfalls Brandspuren auf, wie auch teilweise Stein- und Ziegelmauern nach Abschlagen des Putzes verrußte Spuren zeigten. Holzkohlenreste, vermengt mit spätgotischer Keramik unter Böden im ersten Stock ließen sogar an Spuren der großen Stadtbrände 1507 und 1516 denken.

Freistadt hat eines der größten Stadtarchive in Österreich. Trotzdem ist auch hier im Lauf der Jahrhunderte vieles verschwunden. Möglicherweise war – ob der großen Anzahl der Dokumente – das sogenannte »Bodenarchiv« von untergeordneter Bedeutung. Diese Wertigkeit änderte sich ab 2007, eine Kulturinitiative hat sich seither die Erforschung der Freistädter Keller zur Aufgabe gemacht. Einen weiteren direkten Einblick in die Freistädter Unterwelt ermöglichen Grabungsarbeiten für Fernwärmerohre im Frühjahr 2012 zwischen der Böhmer-Vorstadt und der Freistädter Altstadt. Man sollte meinen, dass es – nach Jahrhunderten des immer wieder Aufgrabens zum Zweck der Verlegung neuer Leitungen, Rohre, Reparaturen und dergleichen – nichts Neues und für die Geschichte Freistadts Relevantes mehr zu entdecken gäbe, aber weit gefehlt!

Nachdem bei keinem der aufgebaggerten Gräben inmitten der Altstadt Vertreter zuständiger Institutionen zugegen waren, sah sich der Autor verpflichtet, selbst genauer hinzusehen und auch tätig zu werden. Mehrere gleichzeitig bestehende Grabungsschnitte mussten hinsichtlich der oft nur kurzen Dauer ihrer Öffnung überwacht und begutachtet werden. Die Gräben wurden zu Suchschnitten. Die zahlreichen Funde wurden geborgen, fein säuberlich gewaschen und in Kistchen archiviert, selbstredend Ort und Datum des Fundes verzeichnet. Einer der Grabungsschnitte für die Fernwärmerohre lag an der Ostseite des Hauptplatzes. Altes Rohrmaterial wurde entfernt, andere Rohre ausgetauscht, Erd-, Sand- und Flinsmaterial, Füllmaterial aus verschiedenen Epochen kam großteils fundleer zum Vorschein.

Vor dem Haus Hauptplatz 14 fiel im Aushubmaterial am Rande der Grabung eine sehr dunkle Erdschicht auf. Bei Durchsicht des »Haufens« stellte sich rasch heraus, dass es sich hier um Brandschutt handelte, also dunkle Erde durchmischt mit Holzkohle, verbrannten Ziegelteilen, Knochen und Keramikscherben. Diese glitzernde Schwarzhafnerware machte ein frühes Entstehungsdatum vor dem 14. Jahrhundert deutlich und eine genauere Untersuchung der Fundstelle erforderlich.

Erstaunlicherweise arbeiten Baggerschaufeln ähnlich wie Archäologen, sie erzeugen einen sehr sauberen vertikalen Schnitt, der Schichtfolgen genau erkennen lässt. Die dem

■ Scherbenarrangement: Funde aus dem 13. Jahrhundert aus einer Brandschuttschicht vor dem Haus Hauptplatz 14.

Haus 14 zugewandte Seite des Grabens zeigte exakt eine beinahe schwarz verfüllte Grube im Querschnitt. Es handelte sich eindeutig um Brandschutt, dicht gespickt mit Kulturmaterial. Die Überraschung war groß. Die sichtbaren Scherben wurden geborgen und beim Abziehen (Glätten) des Schnittes kam eine stark oxidierte Münze zum Vorschein. Der dahinterliegende Rest der verfüllten Grube blieb unangetastet und liegt mittlerweile wieder gut verschlossen unter den neu gelegten Pflastersteinen.
Die Dokumentation und Vermessung erfolgten in Absprache mit der Bauleitung und den Arbeitern, schweres Gerät kam für kurze Zeit zum Stillstand.

Beim Aufbau einer Burgenausstellung im Schlossmuseum Freistadt waren im Juni 2012 bekannte Mittelalterarchäologen wie Alice Kaltenberger und Thomas Kühtreiber in Freistadt anwesend; ihre professionelle Datierung der Keramikfunde lautete auf »um 1250«. Auch die Münze wurde im Oberösterreichischen Landesmuseum vom Numismatiker Bernhard Prokisch begutachtet. Sie stammt aus dem Interregnum, also auch aus dieser Zeit. Es kann somit als wissenschaftlich gesichert gelten, dass der Brandschutt mit seinen Funden aus der Mitte des 13. Jahrhunderts stammt.
Die Bauten der damals noch sehr jungen Stadt (1200–1220?) waren sicherlich noch großteils aus Holz. Der Hauptplatz war als Handelszentrum schon vorhanden, Brandschutt wurde nicht nur weggebracht, sondern – wie man sieht – auch an Ort und Stelle entsorgt bzw. vergraben. Auf einmal gewinnt die erwähnte urkundliche Überlieferung aus dem bayerischen Staatsarchiv über den Brand 1252 neue Bedeutung. Neben den großen Stadtbränden von 1507 und 1515 kommt damit eine weitere große Feuersbrunst ins Spiel, die Archäologie untermauert dies durch die zweifach gesicherte Datierung des Brandschutts. 760 Jahre nach dieser Brandkatastrophe gibt es nun einen materiellen Beweis dafür.

Innsbrucker Dächer in Freistadt?!

Holz war im Mittelalter ein wesentliches Baumaterial. Gemeinsam mit der Enge und den Feuerstätten bildete es ein explosives Gemisch, das immer wieder zu furchtbaren Brandkatastrophen führte. Allzu leicht konnte sich Feuer rasend schnell von Haus zu Haus, von Dach zu Dach ausbreiten und die Städte waren gezwungen, bauliche Maßnahmen gegen diese Gefahr zu ergreifen.

Erst am Ende des Spätmittelalters, am Anfang des 16. Jahrhunderts, wurde durch Kaiser Maximilian I. in den Städten entlang des Inns und der Salzach angeordnet, Feuermauern an den Hausseiten hochzuziehen, um Brandherde an der Ausbreitung zu hindern. Die Wände der Häuserfrontseite wurden aufgemauert, sodass die bisher sichtbaren Giebel dahinter verschwanden. Brannte ein solches, mit Holzschindeln gedecktes Dach, schlug das Feuer nicht sofort auf das Nachbargebäude über, und der Brand konnte besser bekämpft werden. Auch an den Traufenseiten wurden die Mauern hochgezogen, und ebenso an den Rückseiten der lang gezogenen Häuser, also ringsherum.

Durch diese besondere Bauweise wurden aus ehemaligen Giebeldächern Grabendächer. Man veränderte die Dachform vom im Querschnitt dreiecksförmigen Satteldach zum v- oder w-förmigen Grabendach. Das ergab nun eine Kombination aus mehreren niedrigeren Pult- und Satteldächern, deren Dachrinnen nun nicht mehr am Rand des Gebäudes liegen konnten, sondern in der Mitte oder an den Drittelspunkten der Fassaden angeordnet waren. Das Wasser wurde also nicht mehr wie früher seitlich an der Traufenseite, sondern an der Frontseite abgeleitet und die verschieden geformten Öffnungen für die Dachrinnen gaben den aufgesetzten Geschoßen einen weiteren baulichen Akzent.

Die auch schon im Mittelalter entstandenen schmalen Zwischenräume bei den Häusern, die sogenannten »Reihen« oder »Reichen«, waren nach wie vor zweckdienlich, auch für den

Innsbrucker Vorschussmauern, dahinter Grabendächer.

Brandgefährliche Enge.

Feuerschutz. In späteren Zeiten wurden sie aber an der Stirnseite der Häuser zumeist vermauert, was die Geschlossenheit der Häuserzeilen verstärkte. Dicht aneinandergereiht ergab sich so ein in sich geschlossenes, quaderförmiges Gesamtbild als Häuserblock, das in der Literatur seit dem 20. Jahrhundert als Inn-Salzach-Bauweise bezeichnet wird. Gerade Mauerabschlüsse, sehr oft auch zinnenartig oder abgetreppt, ergaben bei Plätzen und Straßen einen völlig neuen Eindruck der Architektur. Dächer verschwanden und Fassaden mit differenzierten Fensterachsen und verschiedenen Erkerformen drängten sich ins Blickfeld und faszinierten auch durch verschiedenartige Farbigkeit.

Kaiser Maximilian I. hat ein Stadtbild geschaffen, dessen Geschlossenheit die Jahrhunderte überdauerte. Als ein neuerlicher Brand Freistadt im Jahr 1516 in Asche legte, erteilte er am 6. Oktober von Augsburg aus den Freistädtern einen Freibrief, in dem er sie auf weitere drei Jahre von allen Steuerzahlungen befreite und ausdrücklich vermerkte, *das dieselben unser Bürger mit dem Gebäu in derselben unser Stadt unseres Gefallens auf Inspruggerisch hinwieder bauen werden.*

Der größte Bau der Altstadt – der Dechanthof. Die Häuser im Vordergrund haben noch Innsbrucker Vorschussmauern.

■ Das Eckhaus Pfarrgasse–Salzgasse sticht besonders durch die prächtige Eingangsachse hervor.

Häuser und Fassaden

Viele der Freistädter Innenstadthäuser haben eine beinahe 800 Jahre alte Geschichte. Generationen von Menschen lebten in ihnen, meisterten ihre Schicksale, oft eng verknüpft mit denen ihrer Häuser: Besitzerwechsel durch Hochzeiten, Todesfälle, Konkurse, Verfall durch Verwahrlosungen und Brände, Zerstörung durch Plünderungen, Änderungen durch neue Bauvorschriften und Umbauten.
Die Stadt bot ihren Bürgern vermutlich gleich große Grundstücke an, auf denen im 13. und 14. Jahrhundert die rund 150 Bürgerhäuser errichtet wurden. Die – nach ihrer spätmittelalterlichen Entstehungszeit – gotische Stadt Freistadt offenbart diesen Baustil in großer Vielfalt. Nach außen zeigten die Bürger ihren Erfolg. Aus gewisser Distanz betrachtet, kommen die schmückenden Details am besten zur Geltung. Daher wirkten nicht die Häuser in den engen Gassen, sondern die auf dem Hauptplatz am prächtigsten und waren im Besitz der reichsten Bürger. Kirche und Rathaus sind seit Beginn der Stadt natürlich an prominentester Stelle.

Geldmangel und eine strenge Ordnung für das Nötigste, hat die Bauten innerhalb der befestigten Siedlung auf engstem Raum entstehen lassen. Sie zeigen gewöhnlich drei Fensterachsen und sind dafür sehr tief in der Grundrissentwicklung. Sie sind aus einer Steuervorschrift entstanden. Die Drei-Fensterachsenbreite stellte den günstigsten Steuersatz für die Bewohner dar. (Arndt)

Das typische gotische Haus aus der Gründerzeit (13.–16. Jahrhundert) hat also drei Fensterachsen und ist damit etwa 10 Meter breit. Die Fenster- und Türrahmen sind aus Stein.
Die Bürger der Stadt lebten von Handel und Handwerk, und viele betrieben zudem noch Landwirtschaft. Das bestimmte auch die Bauweise der Stadthäuser: Das Vorderhaus hat mit seinen ebenerdig gelegenen Geschäfts- und Werkstatträumen Anschluss zur Straße oder zum Platz, also an das öffentliche Leben. In den oberen Etagen sind die Wohnräume unterge-

■ **Oben:** Ehemals der Landwirtschaft dienlich.
Unten: Was aus Stallungen werden kann.

bracht. Viele Bürgerhäuser haben ein großes Einfahrtstor – ein hoch beladener Heuwagen musste in das Haus einfahren und durch die lange, tonnengewölbte Eingangshalle über den dahinterliegenden Hof bis zum Hinterhaus gelangen können, wo sich Stallungen, Scheune und Geräteschuppen, sowie Lagerräume für Handelswaren befanden.

Viele der Innenhöfe sind mit Arkaden, Säulen und Gewölben kunstsinnig gefertigt und manche von ihnen auch öffentlich zugänglich (siehe Höfe Seite 137).

Die einzige Möglichkeit, zusätzlichen Wohnraum zu schaffen, war, das Haus aufzustocken, das Hinterhaus auszubauen oder das Nachbarhaus zu kaufen und baulich zu verbinden, weshalb die Anzahl der Fensterachsen mittlerweile variiert. Mehrere Bürger schufen auch Platz, indem sie das erste Stockwerk zur Straße hin mit einem auf Kragsteinen gestützten Erker erweiterten, der mit oft kunstvollem Maßwerk einen besonderen Akzent setzte. Damit bot sich gleichzeitig die Gelegenheit, einen Spion anzubringen, ein kleines Fensterchen, das den Ausblick »ums Eck« ermöglichte, ohne dabei selbst gesehen zu werden. In Freistadt gibt es noch mehrere Spionfenster zu sehen.

Der Wiederaufbau der Häuser nach dem großen Stadtbrand von 1507 erfolgte teilweise schon unter dem Einfluss der Renaissance. Und natürlich unter der Prämisse des Feuerschutzes. Brandverhütung war elementar für die Sicherheit der ganzen Stadt. Die Häuser wurden demnach so gebaut, dass jedes Haus mit einer Seitenfront, manchmal auch mit der Rückseite, Anschluss an eine sogenannte »Reihe« hatte, das sind schmale Zwischenräume, die die Häuser voneinander trennen (siehe »Reihen« Seite 144). Typisch für die Freistädter Häuser sind die geraden (früher mit Zinnen) abschließenden Blendmauern, die im Grunde nichts anderes als Feuermauern sind. Sie verdecken die dahinterliegenden Grabendächer und täuschen ein weiteres Stockwerk vor (siehe Seite 85).

Nur für kurze Zeit – während Bauarbeiten im Jahr 2012 – lag diese wiederentdeckte spätgotische Fassade frei.

1440 zählte die Stadt 136 Häuser, im Jahr 1527 bereits 152 und 1557 schon 166. Nun stand nur mehr wenig Platz für neue Häuser innerhalb der Stadtmauer zur Verfügung.

▪ Spuren der Geschichte an den Bürgerhäusern und Fassaden

Geist und Kultur jeder Epoche manifestieren sich auch in der Bauweise. An den straßen- und platzseitigen Fassaden sind die Baukunst der Gotik, der Renaissance, des Barock und des 19. Jahrhunderts für jeden erkennbar. In die Zeit der Renaissance können Fenster- und Türrahmungen, die Holzdecken im Bezirksgericht, Ausstattung von Innenhöfen, die florale Malerei an der Decke der Seitenempore der Katharinenkirche und vor allem die Fassaden der Häuser Hauptplatz 2 und Pfarrplatz 3 datiert werden. Die neue Frömmigkeit brachte nach der Gegenreformation Farben und barocken Schwung und Bewegung in architektonische Formen, die Substanz dahinter blieb gotisch. Zwiebeltürme, Heiligenfiguren und prachtvolle Verzierungen in Kirchen, bunte Farben auf den Häusern und allerorts viel Stuck. Auch im Inneren der Häuser findet sich ein Konglomerat aus in sich verwobenen Baustilen.

▪ »Aufputz« im Geschmackswandel

Ansprechende und repräsentative Hausfassaden waren für die bürgerlichen Hausbesitzer von großer Bedeutung. Sie wurden über die Jahrhunderte immer wieder dem Geschmack der Zeit angepasst. 1972 konnten fast alle Hausbesitzer mit öffentlicher finanzieller Unterstützung die Fassaden ihrer Häuser erneuern, es wurden kräftige Farben gewählt, die heute noch auf alten Fotos und Publikationen zu sehen sind. *Besonders die Freilegung und Säuberung der übermalten und übertünchten Fenster- und Türumrahmungen, alle aus dem Granitstein unseres Landes gemeißelt, wurden eine echte Bereicherung für die Fassaden und gaben ihnen wieder etwas von ihrem ursprünglichen Aussehen.* (Rappersberger: Freistadt)

Institutionell verordneter Grauschleier

Gut 40 Jahre ist diese letzte, groß angelegte Fassadenaktion her. Und ja, die Zeiten haben sich geändert und mit ihnen die Mode für die Hausfassaden. Mit der 2012 begonnenen neuen Adaptierung der Fassaden werden neue Tendenzen sichtbar. Der öffentliche Raum gibt sich weniger innovativ, kaum experimentierfreudig, um nicht zu sagen Grau in Grau. Falsch verstandene Fassadenpflege bringt die Stadt um ihren Glanz. Die heute verbreitet angewandte fragwürdige Übermalung der 1972 mühsam freigelegten steinernen Fenster- und Türeinfassungen verstärkt den Eindruck der monochromen Eintönigkeit und versteckt bedauerlicherweise eines der Stilelemente, ja beinahe Wahrzeichen des Mühlviertels, die Granitelemente in den Fassaden. Die lebendige Struktur des Granits wird unkenntlich gemacht.
Nichtsdestotrotz – die Stilmischung der Epochen Gotik, Renaissance, Barock und Historismus fasziniert. Das Stadtbild ist Weltkulturerbe – unverbrieft.

Eine Vielzahl der Häuser in der Innenstadt steht unter Denkmalschutz, sie alle wären es wert, hier genauer präsentiert zu werden, dennoch können wir im Folgenden nur eine Auswahl zeigen.

Das Piaristenhaus – die einstmals fromme Schule am Hauptplatz

Maria Regina (verheiratete Capellerin), Maria Clara und Maria Rosina, die drei Töchter des Freistädter Bürgermeisters Ferdinand Gottlieb Schifer, hatten 1742 von ihrem Vater ein großes Vermögen geerbt. Vor seinem Tod hatte Schifer seinen Kindern eindringlich empfohlen, das Erbe für den Schulunterricht und die Erziehung der Freistädter Jugend einzusetzen und die Piaristen zum Zweck einer Schulgründung nach Freistadt zu berufen, was 1752 durch diese Stiftung auch geschah.

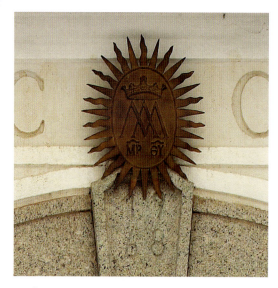

■ Über dem Eingang das Zeichen der Piaristen.

Der Orden der Piaristen geht auf einen italienischen Priester zurück, der im Jahr 1597 in Trastevere, dem Armenviertel Roms, eine Schule eröffnete, die allen Kindern kostenlos offenstand. Der Orden ist seit 1689 auch in Österreich, Böhmen, Ungarn und Polen tätig. Im 18. Jahrhundert unterhielt er in Österreich 24 Gymnasien.

Die Ordensbrüder bezogen 1761 mit ihrer Schule das Haus am Hauptplatz 15, das heute noch als Piaristenhaus bezeichnet wird und mittlerweile ein Bankinstitut beherbergt. Von 1396 bis 1582 war es das Freihaus der Starhemberger und von 1707 bis 1753 war eine Apotheke dort untergebracht.

Das Haus akzentuiert durch seine pilasterflankierte Mittelachse mit Segmentbogenportal und einem kleinen Turm mit geschwungener Giebelbekrönung die Mitte der Ostseite des Hauptplatzes. Die Dreieckgiebel und in der Mitte ein Segmentbogengiebel im ersten Stock sowie die geraden Verdachungen im zweiten Stock und die daraufgesetzte niedrige Attika gliedern die um 1820 entstandene Fassade auch horizontal und lassen die erst kürzlich verordnete Farblosigkeit dieser Front fast vergessen.

Eine weitere bauliche Besonderheit ist über die Jahrhunderte leider nicht erhalten geblieben: die Hauskapelle im Erdgeschoß, die 1497 eingeweiht wurde. Die Piaristen gestalteten bei ihrem Einzug die Kapelle neu, der heutige Verbleib der zwei Altarbilder des berühmten Barockmalers Anton Maulbertsch ist ungeklärt. Nach dem Rückzug der Piaristen aus Freistadt kaufte die Stadt das Haus und richtete ein Wohnhaus ein, die Kapelle wurde um 1900 entfernt.

Neben den Stadthäusern hatten die Piaristen ein Landhaus auf dem Grundstück des jetzigen Marianums. Mit den Marianisten trat eine andere konfessionelle Privatknabenvolksschule im Herbst 1900 das Erbe der Piaristen an.

Die ehemalige Piaristenschule am Hauptplatz.

Herrliche Renaissance-Fresken zieren dieses Haus am Hauptplatz 2.

Ein Bürgerhaus mit spektakulärer Renaissance-Fassade, Hauptplatz 2

Das 1408 erstmals genannte, im Kern spätgotische Gebäude besteht aus ursprünglich zumindest zwei selbstständigen Bauten. Die etwas unregelmäßige Anordnung der Fenster an der Hauptplatzfassade deutet auf die zwei ursprünglichen Einzelhäuser hin. Das ehemalige Raumgefüge zeigt in den Obergeschoßen steile, einläufige Treppen, Tramdecken, die später verputzt wurden und gewölbte Flure mit teilweise erhaltenen spätgotischen Schulterbogenportalen. Das mehrfach profilierte Spitzbogenportal am Hauptplatz und die profilierten steinernen Fenstergewände in den Obergeschoßen stammen vermutlich ebenfalls aus der Zeit der Spätgotik.

Die Fassade war ursprünglich mit Zinnen abgeschlossen. Die Ausmauerung zu einem waagrechten Fassadenabschluss erfolgte in der Renaissance.

Gegen Ende des 16. Jahrhunderts wurde die Fassade zum Hauptplatz neu gestaltet und mit renaissancezeitlichen, auf Höhe der Obergeschoße noch erhaltenen Malereien versehen. Außerdem sind an den Zinnen Büsten in Rundbogenarkaden eingestellt. Möglicherweise wurden, weil hier zu dieser Zeit auch die Lateinschule untergebracht war, der reformatorische Geist und die neue Weltoffenheit besonders zum Ausdruck gebracht. Perspektivische Eckquader fassen die Hauptplatzfassade ein. Die Fensterrahmungen und die Parapetfelder (Brüstung) sind mit manieristischen Dekorelementen versehen (Kandelaber, Ranken und Früchte). Bekrönt werden sie von segmentbogigen, mit Blüten besetzten Lünetten. Diese Malereien wurden Ende der 1980er-Jahre freigelegt und restauriert. Durch den geringen Dachvorsprung sind die Malereien leider sehr der Witterung ausgesetzt. 2001 wurde das gesamte Haus generalsaniert. Bei einer späteren Fassadenrenovierung 2007 kam es zu einer konservatorischen Nachsorge (Reinigung und Retuschierung) im Sinne eines zusammenhängenden Erscheinungsbildes.

Durchgang vom Haus Hauptplatz 2 zur Rathausgasse.

Illusionsmalerei.

Acht mehr oder weniger gut erhaltene Wappenschilde zieren die Fassade. Gibt es vielleicht einen Zusammenhang mit den sieben landesfürstlichen Städten und dem Landeswappen? Zwar nicht sehr groß, aber eindeutig erkennbar ist bei den unteren Schilden das Rot-Weiß-Rot in Wappenform. Das Freistädter Wappen, auch in Rot-Weiß-Rot, ist eindeutig zu identifizieren (rechts oben). Bei den unteren fällt eine Vierteilung auf, und hier besonders immer ein turmähnliches (Salz)Fass mit Zinnen; ein Hinweis auf Salzhandel (in Fässern) und befestigte Städte (Zinnen). Möglicherweise ist der Bauherr mit Salzhandel reich geworden und wollte dies nach außen zeigen. Auf wieder einem anderen sind drei Panther zu sehen, Steyr oder die Steiermark (?) kommen da in den Sinn. Ganz rechts sind Kreuz und Lilie dargestellt. Einige Felder auf der linken Seite sind verblasst oder gar nicht mehr erhalten. Teilweise ist Rankwerk zu erkennen. Die schräg blau-ocker-gestreiften Felder dürften Zierfelder sein. Nicht zuletzt durch diese Wappen und durch die Vielfalt und Buntheit der Fassade wird eine umwälzende Kraft zum Ausdruck gebracht. Sieht man sich noch die stark umrahmten Fenster an, so wird klar, die Sicht auf die Welt hat sich erweitert. Zugegeben – diese Beschreibung ist sehr subjektiv. Nehmen Sie sich Zeit und nehmen Sie Platz vor dem Marienbrunnen und lassen Sie sich auch zu einem Gedankenspiel hinreißen.

Die Decken im zweiten Stock sind mit barocken Kartuschenfeldern, Rocaillemotiven und Blattranken dekoriert, die in eine Entstehungszeit um 1760/70 datiert werden. Im zweiten Obergeschoß, zum Hauptplatz hin, wurde im südlichen Eckzimmer unter mehreren Farbschichten eine nahezu vollständig erhaltene spätbarocke Ausstattung aus der Zeit um 1760/70 festgestellt. Gemalte Bildfelder konnten über einem illusionistisch marmorierten Wandsockel, der den Augen eine nicht vorhandene Räumlichkeit vortäuscht (Trompe-d'œil-Malerei) und durch geschickte perspektivische Darstellung Scheinarchitektur zeigt, freigelegt werden. Grisaillemalerei (französisch gris = grau) nennt man die Technik, in der die in Reihen

Marmorierte Wände und Grisaille-Malerei im Haus Hauptplatz 2.

Markt vor dem Haus Hauptplatz 3.

angeordneten Bildfelder bemalt wurden. Dabei verwendete man ausschließlich die Farben Grau, Weiß und Schwarz. Die von gemalten schwarzen Rahmen eingefassten Bilder stellen Landschaftsmotive, Stadtansichten, Burgen und Motive der Passion dar.

Das Haus am Hauptplatz 3

Dieses Patrizierhaus drückte dem Freistädter Hauptplatz lange Zeit seinen Stempel auf. Seit einigen Jahren stiehlt ihm aber die Renaissance-Fassade des Nebenhauses die Show (siehe Seite 96). Trotzdem ist der bauliche Akzent durch zwei der Fassade vorgelagerte Turmerker unübersehbar.

Einer der Hausbesitzer war Ulrich Kainacher (oder Kammnacher), ein wohlhabender Handelsmann. 1524 machte er sein Testament, das heute noch im Freistädter Archiv zu finden ist. Und noch eine Spur von ihm hat die Jahrhunderte überdauert – er setzte den beiden Frauen, mit denen er verheiratet war, einen Grabstein, der heute im Inneren der Frauenkirche steht. Eine bauliche Beschreibung des Hauses existiert schon aus dem Jahr 1564. Es wird eine *Stube auf den Stelzen* und ein *Gewölbe unter den Stelzen* erwähnt, das Haus hatte also damals schon seine Bauart. Es ragt im wahrsten Sinne des Wortes heraus, tritt hervor, drängt sich auf den Platz. Bürgerlicher Sinn für Repräsentation und (ehemaliger) Eigensinn manifestieren sich hier. Etwas klobig wirken die zwei aufgesetzten Geschoße links, im Gegensatz zum schlanken Turm (Erker) auf der rechten Seite. Das dunkel genutete Erdgeschoß und die Eckquaderungen in den Obergeschoßen geben dem Haus eine gewisse Wuchtigkeit. Die offene, vorgesetzte Laube wird von spätgotischen Pfeilern getragen, darüber sieht man Spitz- und Segmentbogen mit wappenförmigem Schlussstein. Dahinter im Erdgeschoß befindet sich eine zweijochige kreuzrippengewölbte Halle. Die zwei Geschoße wurden barockisiert und

■ Hofidylle im Haus Hauptplatz 3.

Eine gotische Lichtnische im Haus Hauptplatz 10.

flachgeschweift eingedeckt. Rechts ist ein eher schlank wirkender Turm bzw. Turmerker zu sehen, der mit seinem Zwiebelhelm einen besonderen barocken Akzent in der versteckten Dachlandschaft setzt. Zwischen den Türmen positioniert sich ein mächtiges Spitzbogentor. Über dem ersten Stock wurde eine Rundbogennische mit einer Plastik der Heiligen Dreifaltigkeit in Form des Gnadenstuhls (Gott hält das Kreuz mit dem toten Christus, die Taube schwebt darüber) eingebaut. Blendmauern schließen die Vorderseite ab, dahinter befindet sich das Grabendach.

Die Zimmer im ersten und zweiten Stock haben bemerkenswerte Stuckverzierungen aus dem 18. Jahrhundert an der Decke. Die Fenster in den Erkern in Richtung Hauptplatz lassen viel Licht in die Räume und schaffen so eine besondere Atmosphäre. Hier trohnte und wohnte der Bürgermeister einst sehr repräsentativ. Wie so oft in Freistadt erwarten uns im Hofbereich herrliche spätgotische Arkaden.

Die Häuser Hauptplatz 9 und 10 – eine Augenweide

Hier ist Barock in seiner späten Phase anzutreffen, im Gegensatz zum Vis-à-vis der Hauptplatzseite, wo Renaissance und Gotik mit der Kirche ein völlig anderes Erscheinungsbild ergeben.

Das Eckhaus Hauptplatz 9 – Böhmergasse 2 ist Anfang des 17. Jahrhunderts aus zwei Häusern entstanden. Die Jahreszahl 1608 ist auch am Torbogen eingemeißelt. Die leuchtend gelbe Fassade zieht die Blicke auf sich. Auf der Platzseite werden die vier Fensterachsen durch Riesenpilaster getrennt. Über und unter den Fenstern gibt es in Weiß eine Stuckverzierung, deren Formenreichtum erstaunlich ist. Im zweiten Stock heben sich die Fenster durch zweifach geschwungene Fenstergiebel noch mehr hervor. Und über dem rustizierten Rundbogentor (mit der Aufschrift »Renoviert 1794«) betonen Vasenmotive mit Blattwerk, Girlanden und Spiralen die Eingangsachse. Der

Das Eckhaus Hauptplatz 9 – Böhmergasse 2.

Hof im Haus Hauptplatz 10.

runde turmartige Eckerker steht auf einer muschelförmigen Steinplatte, die von einem massiven steinernen Eck-Sockel gestützt wird. Dieses Fundament entstand schon um 1600. Die Verzierungen über und unter den Erkerfenstern sind lieblich verspielt. Die drei Fenster jeweils im ersten und zweiten Stock werden durch toskanische Säulchen geteilt. Der Aufbau über dem Dach stammt aus dem 19. Jahrhundert, das darin befindliche Erkerzimmer wird von einem sechseckigen, pyramidenförmigen Aufsatz und einer schmiedeeisernen Krone abgeschlossen.

Im Inneren des Hauses gibt es verschiedenste Bauteile aus allen Epochen. Besonders hervorzuheben ist der herrliche Renaissance-Arkadenhof. Unter dem Gebäudekomplex liegt ein bemerkenswert umfangreiches Kellersystem (siehe Seite 154).

Das Haus am Hauptplatz 10 ist im Kern großteils gotisch, auch Umbauten des 17. und 18. Jahrhunderts sind ablesbar. Im jetzigen Konditoreibereich des Erdgeschoßes befindet sich ein zweijochiges Kreuzrippengewölbe aus der Spätgotik, an der Seitenwand eine tabernakelförmige spätgotische Lichtnische mit schmalen, spitzbogigen Maßwerköffnungen über einer Kopfkonsole mit Bischofshut aus dem 15. Jahrhundert.

Im Eingangsbereich – direkt über der Tortenvitrine – sticht eine spätmittelalterliche bunte Holzbalkendecke mit floralen Motiven ins Auge.
Die vierachsige, rosa bemalte Fassade der Obergeschoße hält mit ihrem zarten, in Weiß geformten klassizistisch-josephinischen Fensterstuck um 1800 nicht zurück. Die Bekrönung der Fenster mit Blüten und Weintrauben führt uns (kurzzeitig) in eine andere Welt und weist schon darauf hin, welch süße Verführung dahinter zu erwarten ist.

Das Haus am Hauptplatz 12

Die Fassade des Hauses lässt seit ihrer Erneuerung 2012 deutlich erkennen, dass zwei Häuser zusammengefügt wurden. Spitz-, Rund- und Segmentbogen bestimmen das Erdgeschoß dieses Hauses. Im ersten Stock erkennt man noch sehr deutlich durch die, auch farblich betonte, vertikale Eckquaderung in der Mitte, das Zusammenstoßen zweier ehemaliger dreiachsiger Häuser. Über die ganze Front zieht sich im ersten Stock ein Breiterker. Im Erdgeschoß sind drei Eingangstore bzw. -türen und drei Fenster (Schaufenster) eingelassen. Alles ist unterschiedlich, es ist ein Stilmix der besonderen Art, der aber diesem Gebäude seine Einzigartigkeit verleiht. Getrennt sind Tore und Fenster durch Stützpfeiler und Konsolen, die den Breiterker tragen. An der linken Seite ist eine gewisse Geschlossenheit (Tor in der Mitte) erkennbar, rechts hingegen bedurfte es schon arger Kunstgriffe, unterschiedliche Bauepochen zusammenzufügen. Obwohl im rechten Teil das (linke) spätgotische Eingangstor auch farblich stark hervortritt, glänzt der Mittelteil durch besondere Stützpfeiler und Kragsteine, über denen ein 2012 neu entdecktes Maßwerk dem Bau einen gotischen Stempel aufdrückt.

Die sechs Fenster des Breiterkers und die etwas dahinter liegenden Fenster des zweiten Stockes, allesamt umrahmt von einfachen Steinlaibungen, ziehen das Haus in die Breite und lassen es noch wuchtiger erscheinen. Eine Blendmauer mit einfachen Fensteröffnungen wird durch drei Rundtürmchen seitlich und in der Mitte besonders hervorgehoben. Die kupferglänzenden Auffangbecken der Dachrinnen an den Seiten und die zusätzlichen Sichtfenster am Rand (Spione) sind auffällig. Im Hof wird sichtbar, dass in diesem Haus eine Bürgerfamilie lebt(e), die Freistadt mitprägt(e). Bürgerstolz im besten Sinn kommt hier zum Ausdruck. Der übers Eck laufende Innenhof wartet mit einer Besonderheit auf: An der Nordseite im ersten Stock gibt es eine Gangverbindung vom Haupthaus zum Hinterhaus. An der Front sind die Wappen der einflussreichen

Oben: An der höchsten Stelle der Stadt – kirchliche und profane Baukunst beim Einmünden der Pfarrgasse in den Hauptplatz.
Unten: Maßwerk am Haus Hauptplatz 12.

Gotik und Renaissance beim Eingangstor.

Hausbesitzer abgebildet. Es sind dies *Grewsnikher, Riss, Mayrhofer, Windischgräzer* und (in Farbe) *Scharizer*. Darunter in einer Rundbogennische die Besitzer des Hauses 12a (ab 1435) und 12b (ab 1393) und nach der Zusammenlegung auf 12 ab 1617 bis zum heutigen Eigentümer Rudolf Scharizer ab 1988. Einem Vertreter dieser ältesten in Freistadt ansässigen Familien ist es zu verdanken, dass es eine Häuserchronik gibt, in der die Besitzverhältnisse der Innenstadthäuser bis in die erste Hälfte des 16. Jahrhunderts zurückverfolgt werden können – Rudolf Scharizer hat die Chronik im 20. Jahrhundert erstellt und sie ist eines der unerlässlichsten Werke über die Geschichte der Stadt.

Das Haus am Hauptplatz 14

Dieses fünfachsige Haus wird durch die Überdachung des Breiterkers im ersten Stock stark horizontal gegliedert. Die farblich dezente und kaum verzierte Putzfassade rückt das mehrfach gestaltete Eingangstor in den Mittelpunkt. Das spätgotische Spitzbogentor in profiliertem Gewände reicht in das 15. Jahrhundert zurück; darüber ist ein gekehlter spätgotischer Segmentbogen zu sehen. Umbauten um 1600 fügten diesem Eingang seitlich noch ornamentverzierte Renaissancestützpfeiler hinzu. Der aufwendig gestaltete Eingangsbereich ist einmalig. Die zum Teil überbreiten, stark profilierten spätgotischen Fenster im ersten Stock treten besonders hervor. Der zweite Stock wurde in der Barockzeit aufgesetzt und eine Blendmauer darüber täuscht einen dritten Stock vor. Der Durchgang in den Hofbereich wird durch einen reizvollen säulengestützten Stiegenaufgang und einen Kellerabgang, bei dem sich einige Bauepochen überschneiden, geprägt. Im ersten Stock gibt es eine spätgotisch spitztonnengewölbte Vorhaushalle, hofseitig mit Kreuzgraten, platzseitig mit zum Teil auf polygonalen Diensten fußenden Kreuzrippen. An der Hoffassade sind Rund- und Segmentbogennischen mit spätgotischen Fenstern auf Mauerpfeilern zu sehen, darüber gilt es einen Renaissance-Laubengang mit toskanischen Säulen zu entdecken. Direkt in der »Reihe«, dem schmalen Raum zwischen zwei Häusern, im ersten und zweiten Stock, stützen Kragsteine und Steinsäulen ehemalige Plumpsklos, die bis 1981 (!) zwar nicht mehr in Verwendung, aber dennoch funktionstüchtig waren. Im Hinterhaus weist die Fassade zum Stadtgraben zahlreiche spätgotische Fensteröffnungen in der ehemaligen Stadtmauer, im ersten Stock Konsolen, im zweiten, zurückspringenden Obergeschoß Wandpfeiler auf. Vielleicht stammen diese vom ehemaligen Wehrgang? Im Inneren verfügt der Hoftrakt über eine zweischiffige, vierjochige barocke Halle mit Kreuzgratgewölben auf toskanischen Säulen und pfeilerartigen Wandvorlagen. Bis 1964 war dies der Viehstall; der Schweinestall befand sich bis dahin noch im Hof. Aus alten Chroniken (z.B. Scharizer-Chronik) lassen sich nicht nur die Namen der Besitzer, sondern auch so manche interessante Begebenheit und historische Zusammenhänge herauslesen. So zum Beispiel, dass 1622 die Bürger Adam und Ursula Hanff das Haus um 1500 Gulden erworben hatten. Sie waren Kaufleute und eifrige Protestanten. Im Zuge der Gegenreformation trat Adam Hanff wieder zum katholischen Glauben über, nicht aber seine Frau, was zur Folge hatte, dass die Familie (wie sehr viele weitere auch) Freistadt verlassen musste und nach Breslau ging. Die Hanffs haben an dem Haus bleibende Spuren hinterlassen. Der Torbogen zum Verbindungsgang in einen zweiten Keller ist mit einem behauenen Stein versehen, auf dem noch deutlich *Adam Hanff 1631* zu lesen ist (siehe Foto Seite 153).

Einfahrt Samtgasse.

Die Apotheke, Haus Hauptplatz 16

Ein Blick auf die Fassade zeigt uns: Hier hat mittelalterliche Baukunst zum Großteil überleben können und das nicht nur außen. Ein Maßwerkfries an der rechten Seite des Hauses ist ein Glanzpunkt, der einfach nicht zu übersehen ist, zeigt aber auch, dass hier – wie so oft in Freistadt – früher zwei Haus-

Gotik im Haus Hauptplatz 16.

einheiten vorhanden waren. Auch die linke Seite hat einen zweiachsigen Breiterker, allerdings sind hier nur die tragenden Steine, die Konsolen, sichtbar. Ein gemeinsames schmales Abschlussdach überspannt beide Erker im ersten Stock. Oberhalb dieser horizontalen Gliederung kommen die zwei weiteren Geschoße sehr schön zur Geltung. Die spätgotisch gefasten Fenster im zweiten Obergeschoß werden von einem frühklassizistischen Stuckdekor umrahmt. Die fünf Achsen des Hauses sind durch Riesenlisenen vertikal gegliedert, treten aber hinter der dominanten horizontalen Gliederung des Hauses stark zurück. Die drei Fensterachsen auf der rechten Seite sind unregelmäßig und machen die Fassade detailreich. Das gegenüber dem Erdgeschoß hellere Ocker der Fassade mit dem in Weiß gehaltenen Fensterdekor und den ebenfalls weißen Lisenen zieren das Haus auf besondere Weise. Die im dritten Stock etwas kleineren Fenster fügen sich in das Gesamtbild, ebenso das sehr dezent erneuerte Erdgeschoß.

Beim Betreten der Apotheke schreiten Sie übrigens durch eines der schönsten Portale Freistadts. Ein zur Unterstützung des Breiterkers vorgeblendeter Segmentbogen, gestützt auf erneuerte Pfeiler, umrahmt einen weiteren Segmentbogen mit profiliertem Gewände und verleiht damit dem Eingangsbereich eine beeindruckende Tiefe. 1876 erwarb der Apotheker Josef Schieferer das Gebäude.

Der lang gestreckte ehemalige Durchgang in den Hof gehört heute zum Verkaufsbereich. Das Tonnengewölbe zieren noch heute alte Eisenringe, die früher zur Aufbewahrung der langen Feuerhaken dienten. Den wunderschönen Arkadenhof betritt man durch ein klassizistisches Tor aus der Zeit um 1800. Ein Kragstein hinter einem Pfeiler im Erdgeschoß und asymmetrische spätgotische Fenster weisen auf die Epoche vor den Stadtbränden 1507 und 1516 hin. Die Arkaden haben ihre Entstehungszeit möglicherweise erst nach diesen Bränden. Die Westseite des Hofes baut sich turmartig auf und bekommt durch Zinnenabschlüsse einen burgartigen Charakter.

▧ Hofseitige Zinnen – Verteidigungsbereitschaft im Haus Hauptplatz 16.

Durchgang in der Samtgasse 2.

Das Haus in der Samtgasse 2

In einem Abgabenverzeichnis von 1570 sind schon die Besitzer dieses Hauses im 15. Jahrhundert angeführt, Kürschner und Zinngießer werden genannt. Ein eher ungewöhnlicher Beruf scheint in der Chronik des Hauses Ende des 17. Jahrhunderts auf: Die Tochter des damaligen Besitzers heiratete Johann Georg Deher, einen Sockenstricker.

Um einen – heute öffentlich zugänglichen – Arkadenhof lassen sich die Teile des Gebäudes entdecken, das Haupthaus, die Hofflügel und das Hinterhaus. Hofseitig ist es seit 1991 über einen Durchgang mit Spitzbogentor mit dem Hof des Hauses Böhmergasse 5 verbunden und als Passage zur Böhmergasse begehbar (siehe Seite 138).

Das vierachsige Haupthaus weist einen im Barock verbauten, spätgotischen Breiterker und eine spätbarocke Pilasterfassade mit Lisenengliederung aus 1712 auf. Im zweiten, nicht öffentlich zugänglichen Stock war in einem rechteckigen Saal früher das Offizierskasino eingerichtet, mit barockem Deckenstuck vom Ende des 17. oder Anfang des 18. Jahrhunderts, vermutlich aus der Werkstatt Carlo Antonio Carlones. Das Gebäude verfügt zudem über einen bemerkenswerten, weil zweigeschoßigen Keller mit Brunnen und aus dem Fels gehauenen Segmentbogennischen. 2003 zerstörte ein Brand, ausgehend von einem Raum im zweiten Stock, den gesamten Dachstuhl des Hauses.

Das Haus in der Böhmergasse 4

Um 1600 war auch hier eine Apotheke untergebracht, die der damals in Freistadt wirkende Dr. Persius mit Billigung der Stände betrieben hat. Sein *Pestilenz*-Büchlein, das 1625 in Linz erschien, ist eine ärztliche Anleitung zur Selbstbehandlung der Pest und hat ihn bekannt gemacht.

Die fünfachsige Fassade des Hauses in Rosa, mit weißen Fensterumrahmungen, ist eher schlicht gehalten. Die Mittelachse ist hingegen bemerkenswert; das genutete Erdgeschoß und ein Gesimsband über dem Erdgeschoß und dem ersten Stock geben dem Haus Breite. Sehr eindrucksvoll ist der Eingangsbereich. Ein schmaler Erker im ersten Stock wird durch das Eingangstor kräftig unterstützt. Durch die abwechselnd in Rosa und Weiß abgestufte Ummauerung liegt das Tor trichterförmig vertieft und gemeinsam mit den zwei runden Radabweisern entsteht der Eindruck eines besonders geschützten Eingangs. Wind und Wetter können diesem sehr schönen Holztor mit seinem großen Rautenmuster so nichts anhaben. Von besonderem Reiz sind die seitlich am Erker liegenden Spione – Licht und Sicht sind immer gefragt. Die tonnengewölbte Mitteldurchfahrt ist gespickt mit spätgotischen Steinelementen. Sehr schmale Auf- und Abgänge lassen das Mittelalter hier lebendig werden. Eine Holzdecke im ersten Stock mit außergewöhnlichem Astwerk, Kranz- und Rautendekor am Rüstbaum aus der Zeit um 1520, also nach den Stadtbränden entstanden, zeigt, es ging nach all den Katastrophen wieder aufwärts. Erwähnenswert ist ebenso eine im zweiten Stock befindliche Holzdecke mit Kerbschnittdekor, vermutlich aus der zweiten Hälfte des 16. Jahrhunderts. Ein noch vorhandenes Plumpsklo im Bereich der ehemaligen »Reihe« zwischen den Häusern weist auf mittelalterliches Leben hin.

Der Hof ist an zwei Seiten mit spätgotischen Arkadengängen versehen; im zweiten Stock verdrängen toskanische Säulen schon die Gotik. Die Laubengänge mit Quertonnen auf gefasten Pfeilern sind von den Bewohnern liebevoll dekoriert und machen den steinernen Hof zum Grünraum: Wohnqualität auf höchstem Niveau.

Ehemaliges Offizierscasino im Haus Samtgasse 2.

Das Haus in der Böhmergasse 9

Das Gebäude könnte durchaus schon seit der Stadtgründung im 13. Jahrhundert hier an der Ausfahrt nach Böhmen gestanden haben. Es war ein großes Haus, in dem die Besitzer 1432

■ Der Arkadenhof des Hauses Böhmergasse 5 zeigt die gemeinschaftliche Innenwelt.

sogar eine Kapelle einrichteten. Dieser Schatz aus der Spätgotik mit freigelegten und restaurierten Fresken wurde lange – sehr profan – als Lagerraum genutzt (siehe Ende dieses Kapitels). Außerdem weist das Haus beeindruckende spätgotische Kreuzrippengewölbe im Erdgeschoß und im ersten Stock sowie einen besonderen Arkadenhof auf.

Um 1460 kam das Gebäude in den Besitz einer einflussreichen Familie. Es war das Geschlecht der Zelkinger, die bereits seit dem 14. Jahrhundert im Besitz von Schloss Weinberg und mit Freistadt zumeist sehr eng verbunden waren. Durch sie wurde aus dem Bürgerhaus mit der Kapelle ein Freihaus. Es hatte in Steuer- und Gerichtsangelegenheiten einen Sonderstatus, war dem Rat der Stadt nicht unterworfen. Laut Dehio war dieses Haus Anfang des 16. Jahrhunderts möglicherweise Sitz der Freistädter Altarwerkstatt des Lienhart Krapfenbacher, dem Meister des Waldburger Flügelaltars. Nach einigen Besitzerwechseln ab 1591 begann hier 1641 ein kaiserlicher Postbetrieb. Über Jahrhunderte bis zum Jahr 1897 wurden im Erdgeschoß Briefe und Pakete sortiert und weitergeleitet. Für den Postkutschenbetrieb bestand ein zweites Tor neben dem heutigen spätgotischen Eingang. Beim großen Brand 1880 kam das Haus schwer zu Schaden. Fenster und Türen der Außenseite der Heiligen-Geist-Kapelle wurden danach zugemauert und es gab Umbauten. Der Breiterker in der Böhmergasse verschwand. Im 20. Jahrhundert wurde es als Geschäfts- und Wohnhaus genutzt. Zum Beispiel war Mitte der 1920er-Jahre im zweiten Stock ein Damenschneidersalon eingerichtet. Ab 1927 war im Erdgeschoß ein Handelsgeschäft etabliert. Dieses vor Ware förmlich überquellende Textilgeschäft war bei der ländlichen Bevölkerung bestens bekannt. Hier bekam man Alltagswäsche und Konfektionsware. Die Besitzer des Hauses waren geschäftstüchtig. Ihr Landesproduktehandel (Getreide, Mohn, Flachs und anderes) und auch der Handel mit sogenannten »Altwaren« dürfte gut gelaufen sein. Umso verwunderlicher ist es, dass es ihnen 1941 – möglicherweise bedingt durch die Kriegszeit – anscheinend nicht möglich war, die schadhafte

Heiligengeistkapelle.

Außenfassade des Hauses zu renovieren. In einem Schreiben des damaligen Bürgermeisters hieß es: *Durch schlechtes Mauerwerk des außenseitigen Hausverputzes ist eine Verunzierung des Stadtbildes entstanden.* Die Besitzer wurden darin aufgefordert, in kürzester Zeit einen *ordentlichen Bauzustand durchzuführen.*

Anfang der 1970er-Jahre waren die letzten Mieter ausgezogen. Das Haus stand großteils leer, nötige Infrastrukturmaßnahmen unterblieben. Das Textilgeschäft ging trotzdem weiter, war aber nicht in wünschenswertem Ausmaß erfolgreich. 2009 kaufte es eine Gemeinnützige Wohnungsgesellschaft und durch großzügige Umbauten in Abstimmung mit dem Denkmalamt kam neues Leben in das Haus. Umfangreiche Informationen über dieses Haus gibt es in einer kleinen Publikation des Autors, erschienen anlässlich der Eröffnung 2011 (Ruhsam: WSG-Haus).

Unbekannte Liebfrauenkapelle

Bis 2010 wussten die meisten Freistädter nur vom Hörensagen, dass es eine Kapelle im Haus beim Böhmertor gebe. Anzeichen dafür waren auf der Nordseite in der Heiligengeistgasse: ein Spitzbogenfenster aus der Gotik und ein gotisches Tor, das allerdings immer versperrt war. Der hohe Kapelleninnenraum war durch Einziehen einer Zwischendecke im 18. oder im 19. Jahrhundert seiner ursprünglichen Atmosphäre beraubt und seitdem als Lagerraum zweckentfremdet worden.

Seit ihrer Renovierung in den Jahren 2010 und 2011 erstrahlt die Kapelle in neuem Glanz.

Von der Ausstattung der ehemaligen Kapelle ist nur mehr ein Marmorfragment mit einer Inschrift vorhanden. Diese weist auf die Erbauung und Weihe im Jahr 1434 hin, gibt aber noch viele Rätsel auf. Nicht alle vier Evangelisten sind angeführt. Sind Teile links und rechts abgebrochen? Der Stein ist heute wieder an der Stirnseite der Empore befestigt.

Seit 2009 wurden durch umfangreiche Restaurierungen Teile der spätgotischen Fresken wieder freigelegt.

Fresken und Kreuzrippen in der Liebfrauenkapelle (Heiligengeistkapelle).

Der Innenhof des Hauses Böhmergasse 8 lässt staunen.

Gasthof Goldener Hirsch – die Häuser Böhmergasse 8 und 10

Auszug aus den Reisetagebüchern des Dichters Joseph Freiherr von Eichendorff, der unter anderem seine Eindrücke von Freistadt während einer Fahrt im Jahr 1807 schildert:
10. Mai: [...] Unsere erste Station in Österreich war das Bergstädtchen Freistadt, das eine romantische Lage hat in einem Kessel von schönen Bergen, über die von Mittag die Gipfel der Steiermark herüberschauen. Hier frühstückten wir etwas in einem Wirtshause, während das hiesige Kadettenkorps an den Fenstern vorüberdefilierte. [...] (Mühlviertler Heimatblätter)
Unmittelbar hinter dem Böhmertor steht ein zweigeschoßiges, spätbarockes Bürgerhaus, im Kern aus dem späten 15. Jahrhundert, mit Dachgauben und einem Spitzbogenportal. Es ist baulich mit dem benachbarten Goldenen Hirschen verbunden und beherbergt ein Hotel. Bis ins späte 19. Jahrhundert war es der Freistädter Brotladen, ein Verkaufslokal aller Bäcker. Das Ausgabefenster und eine Tür sind noch erkennbar. Seit 1716 gibt es in diesem Haus einen Gasthof. Mit Blick auf Stadtmauer und Böhmertor lässt sich im Gastgarten des Goldenen Hirschen trefflich ein Freistädter Bier genießen.

Der Ursprung des Hauses geht ins 13. Jahrhundert zurück. Nach den zwei großen Stadtbränden im 16. Jahrhundert entstand ein typisch gotisches Haus mit drei Fensterachsen. Bemerkenswert sind das spätgotische Segmentbogentor mit profiliertem Rahmen, darüber ein prächtiger spätgotischer Breiterker auf profilierten Konsolen und die Maßwerkdekorelemente mit Lilienmotiv. Es fallen viele Details ins Auge, wie Eckquader, Dreieck- und Segmentgiebel über den Fenstern und die Doppelpilastergliederung; entstanden sind diese erst nach dem Brand von 1880.
Die ebenerdige Gaststube fällt durch ihre gediegene Einrichtung auf. Im Erdgeschoß findet sich eine spätgotische Decke, im ersten Obergeschoß eine mit Kreuzrippengewölbe. Ein herr-

licher Durchgang führt zum prächtigen quadratischen Innenhof mit einem alten Ziehbrunnen und wirklich beeindruckenden spätgotischen Arkaden. Eine segmentbogige Sitznische ist der Stube des Obergeschoßes vor dem Fenster in Richtung Schlossgasse angefügt. An der Seitenwand im Schlossgässchen finden sich noch zwei weitere, unterschiedliche Erker. An der Vorderseite des Hauses erinnert eine Gedenktafel an den berühmten Freistädter Maler Karl Kronberger.

Karl Kronberger

Der Maler Karl Kronberger wurde hier 1841 als Sohn des Gastwirts geboren. Sein Bruder Johann übernahm den elterlichen Gasthof »Zum Goldenen Hirschen« und Carl ging als junger Mann nach München, um dort die Malerei zu erlernen. Er wurde ein populärer und auch *bedeutender Vertreter der Münchner Malerei in der stilistischen Nachfolge des Publikumslieblings Carl Spitzweg (1808–1885). Versehen mit dem Stil-Etikett eines »oberösterreichischen Spitzweg« wurde Kronberger schon zu Lebzeiten zum Exponenten einer biedermeierlich verklärten Malerei* (Etzlstorfer: Kronberger). Besonders seine Teilnahme bei der Weltausstellung von 1873 in Wien machte Kronberger bekannt. Er lebte bis zu seinem Tod 1921 in München.

Kronberger malte die Welt der biedermeierlichen Kleinstadt, das Leben im Dorf und am Bauernhof und sehr gerne fidele Handwerker und Vagabunden. Seine Werke sind in der Neuen Pinakothek in München, im Oberösterreichischen Landesmuseum, in der Österreichischen Galerie im Belvedere in Wien und nicht zuletzt im Mühlviertler Heimathaus in Freistadt zu finden.

Die gutbürgerliche Gaststube im »Goldenen Hirschen«.

Eckhaus Pfarrgasse 12 – Waaggasse 2

Dieses markante Eckhaus ist aus einem zwei- und einem dreiachsigen Haus zusammengebaut worden. Die barocke Fassade wurde um 1760 beim Aufbau des zweiten Stockwerks

Das Eckhaus Pfarrgasse 12 – Waaggasse 2.

gestaltet. Aus dieser Zeit stammt auch das barocke Gewände der Eingangstür; am Keilstein ist ein stilisiertes Pflanzenrelief dargestellt, links und rechts Voluten; über dem hölzernen Rautentor eine schmiedeeiserne Oberlichte aus der Rokokozeit. Am unteren Rand blickt uns eine eiserne Maske entgegen, die wahrscheinlich Unheil vom Haus fernhalten sollte. Die linke Tür ist insofern etwas Besonderes, weil sie aus Eisen besteht und Verzierungen wie etwa ein Schlüsselloch in Hausform aufweist. Außerdem betritt man durch sie nicht den Flur, sondern man gelangt direkt von der Straße in den Keller! Frühere Besitzer im 19. Jahrhundert waren in der Eisenbranche tätig und der Transport von der Straße in die Lagerräume des zweigeschoßigen Kellers war so leichter zu bewältigen.

Im Jahr 2006 entdeckte man bei der Sanierung der Fassade unter der Rieselputzschicht zwei übereinanderliegende Sgraffito-Dekorationen. Eine erste – vermutlich nach den großen Stadtbränden im frühen 16. Jahrhundert entstandene – Putzschicht ist in Fragmenten noch sichtbar. Florale Motive und Tierdarstellungen (Krokodil- oder Drachenköpfe) sowie eine zweite Schicht auch in Ritz- und Kratztechnik mit ornamentaler Verzierung wurden freigelegt. Übrigens, im 19. Jahrhundert kam noch ein anderes Krokodil nach Freistadt (siehe Seite 139). Die Besitzverhältnisse des Hauses lassen sich bis 1403 zurückverfolgen. 1802 gehörte es der stolzen Bürgerfamilie Thury, die damals schon seit einigen Jahrzehnten in Freistadt ansässig war. Zwei Mitglieder der Familie Thury waren auch Bürgermeister. Von einem, nämlich Josef Thury, und seiner Frau existieren Porträts, gemalt vom erfolgreichen Linzer Biedermeiermaler Johann Baptist Reiter (1813–1890).

Das Thurytal

Josef Thury besaß drei Hammerwerke und »Thurytal« heißt seit mehr als 150 Jahren der Einschnitt der Feldaist nördlich von Freistadt, in dem einst die Hämmer der Hammerschmieden der mächtigen Familie Thury hallten, angetrieben von rauschenden Wasserrädern. In der Blütezeit der drei Thury-

Oben: Der Kunstsinn der Bürger ist auch an der Eingangstür erkennbar. **Unten:** Von der Straße direkt in den Keller.

Der Stiegenaufgang zum Wohnbereich Pfarrgasse 12.

hämmer waren etwa 20 Schmiede mit der Sensenproduktion beschäftigt. Die Eisenwaren der Handelsherrn Thury, vor allem Sicheln und Sensen und anderes handwerkliches Gerät, wurden bis weit über die Grenzen hinaus nach Triest, Breslau und Krakau geliefert.

Die industrielle Massenfertigung ab der Mitte des 19. Jahrhunderts bedeutete gleichzeitig den Niedergang für die Thuryhämmer. Im Lauf der Jahrzehnte verfielen die Anlagen im Thurytal zu kümmerlichen Ruinen. Einer von ehemals drei Hämmern wurde rekonstruiert und an ihm die traditionsreiche Geschichte der zahlreichen Mühlen und Hammerwerke anschaulich dokumentiert.

Das Tschinkl-Haus, Waaggasse 13

An der Ecke Waaggasse–Altenhofgasse steht dieses prachtvolle spätgotische Bürgerhaus aus dem 15. Jahrhundert. Interessant ist eine Erwähnung aus dem Jahr 1636, in dem es als in *baulich sehr schlechtem Zustand* bezeichnet wird und dem damaligen Käufer eine Frist von zwei Jahren *zur baulichen Wiederherstellung* gegeben wurde.

Es ist ein typisches Bürgerhaus mit mehreren Gewölben im Erdgeschoß. Das tief gekehlte gotische Rundbogentor fällt sofort ins Auge, darüber weitere Rundbögen auf Konsolen. Ein beinahe hausbreiter Flacherker stützt sich auf elf kunstvoll gearbeitete Kragsteine, den Erker schmückt ein Blendfries mit ungleichmäßig abwechselndem Drei- und Vierpass-Maßwerk in 19 Feldern. Auf der Fassade zur Altenhofgasse findet sich ebenfalls ein schmaler gotischer Erker mit Blendfries. Hinter den Blendmauern versteckt sich ein Grabendach. Im Inneren zeigen sich im Erdgeschoß mehrere Gewölbe. Hervorzuheben sind im ersten Stock eine spätgotische kreuzrippengewölbte Halle und gotische Portale.

Ein Breiterker der Spätgotik in der Waaggasse 13.

Der Kupferkessel – ein letzter Hinweis auf die einstige Schmiede.

Die Kupferschmiede in der Pfarrgasse 13

Über Jahrhunderte bestimmte das Ausklopfen des Kupfers den Takt dieses Hauses. Der Bedarf an Waschkesseln, Teekesseln, Pfannen und Backformen war groß. Insbesondere die Brauerei verwendete riesige Braupfannen. An der Außenfassade angebrachte Hauszeichen, meist aus Eisen gefertigte figürliche und symbolische Darstellungen, gibt es zahlreich in Freistadt. Besonders die Gasthäuser, aber auch die Handwerksbetriebe haben so auf sich aufmerksam gemacht. Ein Kupferkessel vor dem Haus zeigt, dass hier einstmals Kupferschmiede ihre Werkstatt hatten. Bereits 1650 scheint Hans Tanzer auf, der dieses Handwerk betrieb. Fast ununterbrochen wurde in diesem Haus dann bis zum Jahr 1931 Kupfer geschmiedet, zuletzt tat dies Alois Tanzmeister.

Die Hausfassade zeigt eine sehr schöne spätbarocke Putzgliederung. Die Obergeschoße sind durch eine gewellte Eckquaderung von den Nachbarhäusern scharf abgegrenzt. Die Fenster des dreiachsigen Hauses werden in einem vertikalen Rahmen mit reichem Dekor zusammengefasst. Die geschwungenen Verdachungen der Fenster, besonders die muschelförmigen Verzierungen im ersten Obergeschoß stechen heraus. Durch ein spätgotisches Schulterbogenportal betritt man einen Vorraum, und erst von diesem führt der Gang zum kleinen Hof und zum Stiegenaufgang.

Ein in späterer Zeit eingebauter Aufgang im Durchgang zum Hof Pfarrgasse 13.

Die Alte Stadtschmiede in der Heiligengeistgasse 22

Hier steht eine funktionstüchtige Schmiede, die bis in die 70er-Jahre des vorigen Jahrhunderts betrieben wurde. Diese könnte schon bei der Vorgängersiedlung entlang der Salzgasse (Prägarten) eine Rolle gespielt haben. Nachweisen lässt sich das aber nicht. Auf jeden Fall war es wichtig, »gut beschlagen« von hier bergauf über den Kerschbaumer Sattel nach Böhmen zu ziehen. Denn erst später, nach der Stadtgründung, wurde der

Detail Hammerwerk.

Straßenverlauf geändert, und man fuhr über den Hauptplatz durch das Böhmertor in Richtung Norden. Innerhalb der Stadt eine Schmiede zu betreiben war besonders in unsicheren Zeiten vorteilhaft, wobei die offene Feuerstelle aber zweifellos auch eine Gefahr darstellte.

Das Handwerkerhaus befindet sich im Nordwesten, im äußersten Winkel Freistadts neben dem Wehrgang des Scheiblingturms, und diente nachweislich über 500 Jahre lang, von 1444 bis 1975 als Stadtschmiede. Das heutige Gebäude, in vielen Teilen historisch erhalten, wurde im Kern im 15. Jahrhundert errichtet. Aus der Barockzeit stammen einige Um- und Zubauten.

Im Eingangsbereich befindet sich ein sehr stimmungsvolles tonnengewölbtes Vorhaus, flankiert von Pfeilern, darin die partiell vermauerte schulterbogige Einfahrt sowie ein Aufgang zu einer kreuzgratgewölbten Loggia mit Rundbogenarkade. In dieser Arkade zeigt sich auch noch ein spätgotisches Rundbogenportal mit einer aufgedoppelten Tür aus der Barockzeit. Es ist übrigens das einzige Haus der gesamten Altstadt mit einer außen liegenden Stiege. Unter der Terrasse ist noch eine barocke eisenbeschlagene Tür zu finden. Ein Amboßstein und eine Vertiefung für Wagenräder weisen auch auf eine ehemalige Wagnerei hin.

Der Eingang zur Schmiede geht durch ein Rundbogenportal. Der Werkstattbereich ist ein sogenannter Einstützenraum mit Stichkappentonne auf gefastem Pfeiler. Ein noch funktionsfähiger Federhammer aus dem Jahr 1928 sowie eine Esse, ein Amboss und verschiedene Werkzeuge geben dem Hauptraum und einigen kleinen Nebenräumen ihren Charakter.

Jörg, der Smid

Die älteste urkundliche Erwähnung der Stadtschmiede stammt aus dem Jahr 1444 und gibt einen konkreten Hinweis auf ihren damaligen Besitzer: Es war Jörg, der »Smid«. In einem Verzeichnis des Jahres 1570 ist ebenfalls ein Nachweis

Die Alte Stadtschmiede mit Scheiblingturm.

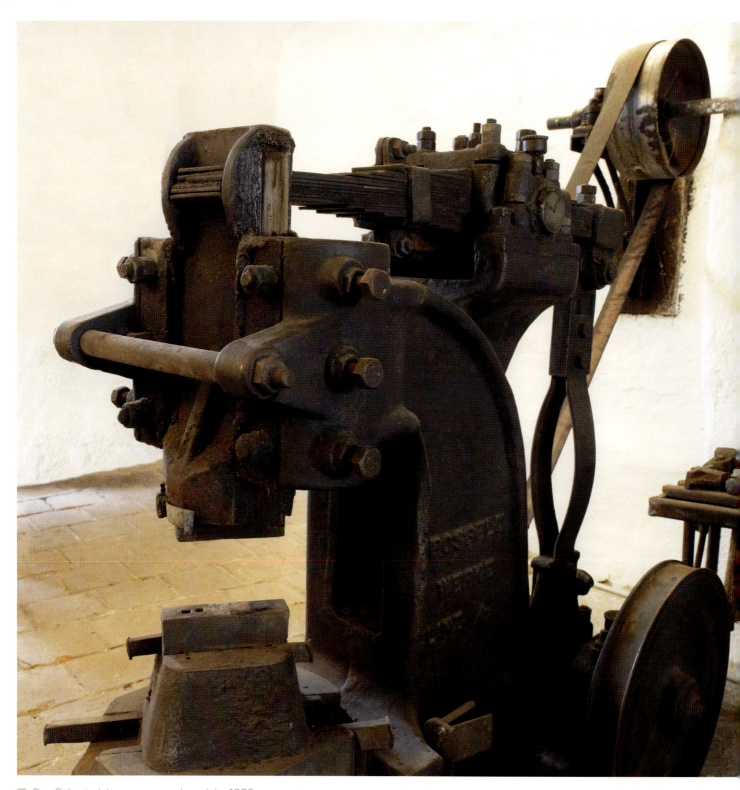
Der Schmiedehammer aus dem Jahr 1928.

des Verwendungszwecks dieses Hauses belegt. Hanns, der Schmied, ist als Besitzer genannt. 1626 wird die Schmiede während des Bauernkrieges geplündert und schwer verwüstet. In den folgenden Jahrhunderten bis in die 1970er-Jahre war das Haus immer im Besitz von (Huf)Schmieden.

Neben der Stadtschmiede gab es mindestens zwei weitere Schmieden in der nördlich gelegenen Schmiedgasse, der Verlängerung der Böhmergasse: die erste und die obere Schmiede. Unabhängig vom diesem konkreten Haus sind die frühesten schriftlichen Nachweise im Zusammenhang mit Schmieden in Freistadt die Stadtgrabenrechnungen (1389–1392). Eine Schmiede bestand in Freistadt in der Spindelgasse, der heutigen Zemannstraße: Eine Urkunde aus dem Jahr 1378 weist auf einen Schmied in der Hell (Höll) hin, das ist der Bereich östlich des Linzertores. 1417 findet ein *Erhard Smid zu Freistadt* Erwähnung (Gruber: Öffentliches Bauen).

Man sieht also, dass Schmiede auch schon im 14. Jahrhundert aufscheinen. Lokalisieren kann man sie schwer. Außerhalb der Stadtbefestigung, vornehmlich in der *Schmied*gasse, gab es jedenfalls ab dem 14. Jahrhundert mehrere unterschiedliche Schmieden (Nagel-, Huf-, Kupferschmiede).

■ Details Schmiedehammer.

Im Kern des barocken Dechanthofes steckt noch viel Gotisches.

Plätze und Gassen ...

Der Dechanthof und sein Umfeld

Die südliche Altstadt wird vom mächtigen Barockbau des Pfarrhofs dominiert. Vier Gebäudeflügel um einen Rechteckhof bilden den stattlichen dreigeschoßigen Dechanthof. Eine teilweise Umgestaltung erfolgte um 1600 und eine weitere Ende des 17. Jahrhunderts, letztere schreibt man Carlo Antonio Carlone zu. Die barocke Fassade stammt aus 1735 und wurde vermutlich von Johann Michael Prunner gestaltet. Innen finden sich Stichkappentonnen- und Kreuzgratgewölbe sowie in vielen Räumen Stuckelemente aus dem 18. und 19. Jahrhundert. Die Eingangshalle ist aus der Barockzeit, das südliche Treppenhaus noch aus der späten Gotik.

Der Dechanthofplatz

Der Bereich Dechanthofplatz–Höllplatz fällt städtebaulich aus dem Rahmen. Hier hat die Stadt einen speziellen Charakter. Bestimmt hat die zerstörerische Kraft des Feuers im Jahr 1507 (von hier ausgehend) zu dieser Eigenwilligkeit beigetragen. Der alles überragende Dechanthof kommt in seiner Wuchtigkeit beinahe an das Schloss heran; um ihn herum gibt es sehr viel Kleinteiliges zu entdecken.

Eine kleine private abgezäunte Grünzone am Dechanthofplatz lässt die gegenüber liegenden Garagen fast vergessen. An der Ostseite des Dechanthofes, blickgeschützt durch die Garagen, gibt es noch einen Garten. Er genießt als einziger Obstgarten innerhalb der Stadtmauern eine Sonderstellung. Durch ein inmitten der Wiese liegendes Loch kann man in einen ehemaligen Keller blicken. Bis zum Anfang des 16. Jahrhunderts standen dort auch Häuser der Benefiziaten (Hilfspfarrer).

Das (verbliebene) Benefiziatenhaus

Gegenüber dem Pfarrhof gelegen, steht das ehemalige Wohnhaus eines sogenannten Benefiziaten: ein altes Stiftungshaus aus dem Spätmittelalter. Benefiziaten hatten ein Kirchenamt

■ Eine Kaffeerösterei in altem Gemäuer.

inne, wohnten aber nicht im Pfarrhof, sondern in einem ihnen zur Verfügung gestellten Haus. Die Entlohnung erfolgte aus einer Stiftung. Diese Bauten galten als Zeichen der bürgerlichen Frömmigkeit, sie waren aber auch ein Hinweis auf den zunehmenden Wohlstand im 14. und 15. Jahrhundert. Um 1700 wurde dem Haus eine barocke Fassade mit einer Sonnenuhr an der Südseite und einer Haustür mit einem strahlenden Sonnengesicht in der engen Gasse gegeben.

Der Dechanthofplatz hieß vermutlich bis zum Brand »In der Höll«, war dichter verbaut und hatte diesen Namen – wie in vielen anderen Städten – deswegen, weil er der niedrigste Stadtteil ist. Die Ableitung von »Hell« (Salz) ist aber keineswegs auszuschließen.

■ Der Höllplatz

Flatternde Weißwäsche in großer Menge im Stadtgraben rechts neben dem Linzertor weist darauf hin: In der Höllgasse und am Höllplatz geht es gastfreundlich zu, auch wenn sich die Stadtmauer nach außen durch Pechnase und Schießscharten noch immer abwehrbereit gibt. Aufgrund der Stadtbrände ist hier die Gotik bereits durch Renaissance und Barock ersetzt, erwähnt wurden die ursprünglichen Häuser aber auch schon im 14. Jahrhundert.

■ Der Pfarrplatz

An der Westseite der Stadtpfarrkirche liegt ziemlich abfallend und im Umriss unregelmäßig der Pfarrplatz. Der Kircheneingang hat sich etwas Luft verschafft. Sehr beengt führt ein schmales Gässchen zum Dechanthofplatz – Mittelalterstimmung kann hier durchaus aufkommen.

■ Kaffee-Renaissance vor und hinter Renaissance-Fassade

Welch herrliche Fresken aus der zweiten Hälfte des 16. Jahrhunderts zieren die gotischen Fensterlaibungen beim Haus Pfarrgasse 3, einem Café mit Kaffeerösterei! Die über der wuchtigen, halbrunden Stützmauer befindlichen Malereien der

Das Aufblitzen der Renaissance am Haus Pfarrplatz 3.

Das Schlossgässchen mit drei Erkern.

Fenster konnten kürzlich großteils freigelegt werden. Beim ersten Fenster tragen griechische Säulen, die Raumtiefe vorspiegeln, die verschnörkelte Fenstergiebelverzierung. Unter dem vierten (eigentlich dem dritten!) Fenster findet sich die gemalte Illusion einer abgetreppten Fensterbank.

Die Gassen

Der Verlauf der Gassen ist seit jeher derselbe: parallel zum Hauptplatz. Viele Jahrhunderte staubig und nach dem Regen bzw. im Winter schlammig, wurden die Straßen 1935 bis 1938 teilweise gepflastert, mit Gehsteigen versehen und die früheren Tretsteine beseitigt. Aus einer Mitteilung von 1878 geht hervor, dass der Fahrstreifen über den Hauptplatz nur durch zwei Pflasterreihen angedeutet war. Eine durchgehende Pflasterung des Hauptplatzes wurde erst 1953/54 realisiert.

■ Eingangstor zum Schlossgässchen.

Die meisten Gassen in Freistadt sind breit, da sie vorausschauend so angelegt wurden. Das verwinkelte **Schlossgässchen** hingegen ist genau das, was man landläufig unter mittelalterlich versteht; es windet sich eng zwischen den Häusern durch, wird an beiden Enden von Torbögen begrenzt und drei zierliche gotische Erker machen den Eindruck perfekt. Der erste Erker aus Richtung Böhmergasse kommend war als Sitznische (innenliegend im 1. Stock) in Gebrauch, der zweite wird von einer kleinen, in der Mitte nach unten ragenden Konsole betont, der dritte, auf den ersten Blick als Spitzerker identifizierbar, ist aber ein schräg in die Mauer gesetzter, kleiner Rechteckerker. Durch einen späteren Zubau ist diese eigenartige Situation entstanden. Vielleicht war es ein kleiner Beobachtungsposten in Richtung Schlosseingang?
Auch die kleine **Schulgasse** verläuft nicht gerade und es gab früher noch ein weiteres Gässchen zwischen Pfarr- und Schlossergasse, das zwar zugemauert wurde, aber in Ansätzen noch erkennbar ist.

Der Arkadenhof im Haus Hauptplatz 5 strotzt vor Leben.

Die **Böhmergasse** nannte man im Mittelalter *Frauengasse* und auch *Spitalgasse*, benannt nach der Liebfrauenkirche bzw. dem daneben befindlichen Spital.

Der Name der **Heiligengeistgasse** stammt von der ehemaligen Heiligen-Geist-Kapelle im Haus Nr. 1 ab, die im 15. Jahrhundert errichtet wurde. Wie die Gasse vorher geheißen hat, ist unbekannt.

Die **Pfarrgasse** hieß im Mittelalter *Linzergasse* und sie reichte vom Linzertor bis zum Hauptplatz. Der Teil von der Kreuzung mit der Salzgasse zum Turm im Winkel war bis 1815 eine Sackgasse. Erst durch den Brand 1815 und die Abtragung des Turms samt Errichtung einer Brücke (1835) wurde die heutige Pfarrgasse geschaffen. Der andere Teil zum Linzertor wurde die heutige **Eisengasse**. Nun führt die Pfarrgasse vom Hauptplatz bis zur Kreuzung mit der Mühlviertler Straße (B 310). Diese Zufahrt in die Stadt ist in unseren Tagen die einzig erlaubte.

Die **Salzgasse** ist die Keimzelle der Stadt, rund um das ehemalige Straßendorf wurde die mittelalterliche Stadt errichtet. In Urkunden aus der Spätgotik wird sie auch die *Hindern Gassen* genannt.

Der Namensgeber der **Schulgasse** war die erste Schule (Nr. 6) der Stadt, die im 15. Jahrhundert hier bestand.

Die **Waaggasse** war die Zufahrt zur hinter dem Rathaus liegenden Waage. Früher wurde auch zwischen einer Oberen und Unteren Waaggasse unterschieden. Das Längenmaß einer Wiener Elle (77,75 cm) und eines Wiener Klafters (1,89 m) ist heute noch links und rechts des Kriegerdenkmals vor dem Kirchturm zu sehen.

Samt-, Altenhof-, Rathaus-, Höll-, Huterer- und **Dechanthofgasse** sind weitere Verbindungsgassen.

Ein spätgotischer Hof im Haus Hauptplatz 12: Steinmetzkunst von höchster Qualität.

Mittelalter pur im Lichthof des Hauses Hauptplatz 13.

Die **Schmiedgasse** (1345 erstmals erwähnt) in der nördlichen Vorstadt sowie die **Hafnerzeile** östlich davon und südlich die **Lederergasse** waren – wie die Namen aussagen – bis in die Neuzeit Viertel für Handwerk und Gewerbe (Mühlen und Hämmer), begünstigt durch das Flüsschen Aist.

Die **Spindelgasse** lag nach Nößlböck in der südlichen Vorstadt. *Die Zaglau reichte bis an den Stadtgraben, umfasste also die Spindelgasse, die Tanzwiese und das Ledertal.* Neuere Forschungen belegen: Die Spindelgasse war die heutige Zemannstraße.

Höfe und Durchgänge

Umschlossen von Vorder- und Hinterhaus und den benachbarten Bürgerhäusern bildeten die Innenhöfe abgeschlossene Bereiche, die oft auch landwirtschaftlich genutzt wurden. Ein großer Misthaufen und nicht selten eine Schar Hühner waren dort zu finden. Viele der insgesamt 27 Innenhöfe sind kunstvoll mit Säulen, Gewölben und Arkaden gestaltet, aber nur einige wenige sind auch öffentlich zugänglich.

■ Böckhof
In der Samtgasse 8 gelegen, ist dieser wunderbare Innenhof mit Arkadengang in der Verlängerung einer Geschäftspassage zu besichtigen. Das Bürgerhaus aus der Renaissancezeit wurde 1525 erstmals urkundlich erwähnt; die Fassade stammt vom Ende des 19. Jahrhunderts.

■ Acanto-Hof
Drei ganz besonders bemerkenswerte spätgotische Flacherker sind in diesem Hofzugang zu einem Lokal am Hauptplatz 13 zu entdecken.

■ **Deim-Hof** (siehe Gasthof Goldener Hirsch Seite 116)

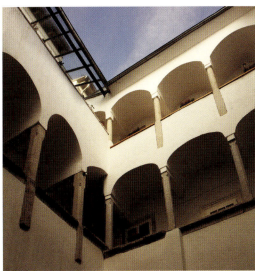

■ Spätgotik und frühe Neuzeit im Arkadenhof des Hauses Böhmergasse 4.

Oben: Ein profiliertes Rundbogentor um 1500 und die Torflügel vom Ende des 19. Jahrhunderts im Haus Eisengasse 7.
Unten: Gestört, aber nicht zerstört: die Hofeinfahrt im Haus Waaggasse 2.

▦ Krokodil-Durchgang

In der Salzgasse 2 kann man tagsüber seinen Weg in die Pfarrgasse ein wenig abwechslungsreicher gestalten, indem man durch ein kunstvoll geschmiedetes Tor (mit Wildschweinen) einen Innenhof betritt und über einen Durchgang in der Pfarrgasse wieder herauskommt. In der tonnengewölbten Einfahrt des spätgotisch-frühneuzeitlichen Eckhauses Pfarrgasse 20 hängt verblüffenderweise seit dem 19. Jahrhundert ein ausgestopftes Krokodil an der Decke, um dessen Herkunft sich ein paar Legenden ranken. Nach einer Überlieferung ist es die Beute eines Freistädter Afrika-Abenteurers.

▦ Ein Hinterhof mausert sich zum Platz

Wer durch das Rathaus oder über den Durchgang des Nebenhauses zur Rathausgasse gelangt, ist mit einer ungewöhnlichen Platzsituation konfrontiert. Um-, An- und Zubauten haben Positives, aber auch weniger Erfreuliches gebracht. Auf der linken Seite formt sich in Stein gemeißelte Spätgotik, Renaissance und Barock vermischt mit Neuzeitlichem zu eigenartiger, aber ansprechender Räumlichkeit. Die Situation gegenüber an der rechten Seite kann nur mit »unglaublich« in jeder Beziehung beschrieben werden. Durch Beton arg bedrängt und eingeengt stellt sich eine der schönsten, wieder freigelegten gotischen Hauswände dieser Stadt zur Schau. Die Verzierungen der Steinlaibungen an den Fenstern, bis dato durch verschiedene Zubauten den Blicken entzogen, lassen staunen (siehe Seite 91).

In Richtung Waaggasse wird durch eine Gedenktafel an die Gebrüder Anton und Hermann Pius Vergeiner erinnert. Sie waren Brucknerschüler und Komponisten von Kirchen-, aber auch weltlicher Musik in der zweiten Hälfte des 19. Jahrhunderts.

▦ Haiderhof und Durchgang

In der Samtgasse liegt noch ein besonders sehenswerter Hof. Vom im Haus Samtgasse 2 gelegenen Eingang in die Schaufensterpassage des Stadtjuweliers gelangt man in einen ganz

Einstmals dienten die Ringe zur Befestigung der Feuerhaken, heute hängt ein afrikanisches Reisesouvenir daran.

Ein Durchgang mit Auf- und Abgängen in der Eisengasse 7.

Der Hinterhof des Hauses Hauptplatz 24 ist eine Besichtigung wert.

■ Über allem thront der Bergfried.

besonderen Innenhof. Er hat auf zwei Seiten Arkaden, im ersten Stock gotische, im zweiten Stock toskanische Säulen (siehe Seite 110).

Die Mitteldurchfahrt ist tonnengewölbt und verfügt seitlich über ein Kreuzgratgewölbe. Die Hoftrakte weisen Stichkappentonnengewölbe auf und im Hof sind an zwei Seiten segmentbogige spätgotische Arkadengänge zu sehen. Die Bogengänge ruhen auf wuchtigen Kragsteinen. Der gesamte Innenhof ist mit großen Steinen gepflastert. Es existiert eine Zeichnung des Innenhofes aus dem Jahr 1920, auf der die zur damaligen Zeit noch übliche landwirtschaftliche Nutzung von Innenstadthöfen zu sehen ist – Hühner und eine Ziege bewohnen die Szenerie.

Rundungen und Spitzbogiges geben sich im Haus Samtgasse 8 ein Stelldichein.

Von hier führt ein Durchgang weiter zum Innenhof des Hauses Böhmergasse 5 und weiter in die Böhmergasse. Dieser zweite Hof ist ebenfalls an drei Seiten mit Arkaden versehen. Der zweite Stock des Arkadenhofs wurde erst später gebaut, wahrscheinlich um 1577, in dem Jahr, in dem auch das Tor entstand.

Hier lässt sich ebenso eine mittelalterliche Besonderheit entdecken. Eine Durchfahrt führt vom zweiten Hof in einen sorgsam gepflegten Garten. Von nüchternen Hinterhausfronten beeinträchtigt, wird in einer Ecke ein Einblick in eine »Reihe« mit noch vorhandener Latrine ermöglicht – ein Hauch von Mittelalter an dieser verborgenen Stelle der Stadt. Näheres zu den »Reihen« siehe Seite 144.

Der Hof Samtgasse 3/5

Dieser nicht zugängliche Hof ist momentan in einer Phase der »Neuorientierung«. Im Hinterhof befinden sich im ersten Obergeschoß an zwei Seiten Arkadengänge. Gestützt werden die halbrunden Bögen von Steinsäulen, die uns förmlich in eine andere Welt versetzen. Die floralen gotisierenden Kapitelle fallen regelrecht aus dem Rahmen; auch antike Elemente sind erkennbar. Es wird vermutet, dass diese außergewöhnlichen

Ein »Abtritt« in einer Reihe.

Zierformen in der zweiten Hälfte des 16. Jahrhunderts entstanden sind. Der umlaufende Gang im zweiten Obergeschoß wird von Holzsäulen getragen.

Sorglose Entsorgung –
die »Reihen« als Plumpsklo und Müllschlucker

Schlachtabfälle und Fäkalien – der Gestank auf den Straßen muss früher wahrlich übel gewesen sein. Man war sich aber bewusst, dass eine stinkende, dreckige Stadt kein Anziehungspunkt für Händler und Kaufleute ist, und begann, sich Gedanken über das Müll-Problem zu machen. Es durften keine Abfälle mehr auf die Straße geworfen werden. Als nach den anfänglich in Holz errichteten Häusern die gemauerten Bürgerhäuser entstanden, ließ man jeweils zwischen zwei Gebäuden (schon ab dem 13. Jahrhundert) einen Zwischenraum, eine »Reihe«, frei. Diese »Reihe« diente erstens als Grenze und gleichzeitig bis ins Spätmittelalter als Latrine und Mistkübel, als Universal-Kloake. Die »Reihen« fungierten auch als Feuerschutz und wurden in der Neuzeit an der Straßenseite zugemauert, sie waren nicht mehr einsehbar und erhielten ein Zugangstürchen. Diese Türen sind auffällige Zeugen des mittelalterlichen Reihensystems.

Im Obergeschoß der Häuser erleichterte man sich in sogenannten Abtritterkern und die Exkremente gelangten im freien Fall direkt in die »Reihe«. Für die Leerung und Säuberung der »Reihen« mussten die Hausbesitzer sorgen.

Abwasserkanal!?

Bei den Grabungen im Sommer 2012 stieß man an mehreren Stellen in der Mitte der Waaggasse in etwa 60 cm Tiefe auf eine dem Straßenverlauf folgende, 50 cm hohe Steinmauerung. Es könnte sich dabei um die Reste eines ehemaligen Kanals handeln. Früher verlegte Leitungen und Rohre haben im Untergrund aber schon viel Historisches zerstört, einzig eine

Nach wie vor »Mittelalter« in den Reihen.

■ So manches hat schon die »Zeitweihe«.

Mauerseite hat sich erhalten. Zieht man die Gerade dieser Steinmauer weiter, so quert man die Heiligengeistgasse und landet unweigerlich im Stadtgraben. In diesem Bereich sind an der Stadtgrabenmauer sehr viele Auslässe festzustellen. Wurde unter anderem vielleicht das verschmutzte Wasser von den Fleischbänken hinter dem heutigen Rathaus durch diesen großen Kanal in den nördlichen Stadtgraben entsorgt?

Nostalgisches unter altem Gebälk – die Dachböden

Den holzigen Geruch einer vergangenen Welt zu atmen, dem haftet eine gewisse Romantik an. Verstaubt, vergessen und von einer besonderen, beinahe geheimnisvollen Aura umgeben, finden sich dort in entlegenen Winkeln oft altes Gerümpel und auch wahre Schätze wieder. Unter Spinnweben und dicker Staubschicht lagern Krimskrams und vergessene Erinnerungsstücke und harren ihrer Entdeckung, die allzu oft gleichzeitig ihre Entsorgung bedeutet.

Haus Böhmergasse 9:
Piernbacher – eine Familie taucht wieder auf

Eine schmale Steinstiege führte hinauf ins Ungewisse, der erste Eindruck unklar und durchschnitten von einzelnen Sonnenstrahlen, die den allgegenwärtigen Staub sichtbar machten. Die Augen gewöhnten sich nur langsam an die bescheidenen Lichtverhältnisse und der Dachboden gab zögerlich aber nach und nach preis, was sich als Tor in die Vergangenheit entpuppte – eine Begegnung mit Relikten in Räumen, wo sich Jahrhunderte zur Ruhe gesetzt hatten.

So fanden sich beim Umbau eines Geschäftshauses in der Böhmergasse Dokumente, die tief in die Geschichte einer im 19. und 20. Jahrhundert in Freistadt wohnhaften Familie blicken ließen. Die Korrespondenz zwischen Marie Piernbacher und ihren Eltern – der Vater Johann war k. k. Bezirksrichter – um 1900

Oben: Schon entrümpelt. **Unten:** Als Abstellraum sind alte Dachböden nach wie vor in Verwendung.

Stillleben auf einem alten Dachboden.

Der Lastenaufzug hat schon lange ausgedient.

macht Sequenzen aus deren Leben für uns nachvollziehbar und lässt über so manches staunen. Etwa darüber, dass Marie eine Ausbildung als Erzieherin in Wien machte, anschließend diese Tätigkeit in Siebenbürgen und Frankreich ausübte und auch einige Zeit bei ihrem Bruder war, der in Cambridge studierte. Außerdem erstaunt, dass Geldsorgen an der Tagesordnung standen, obwohl das Einkommen eines Bezirksrichters sicherlich kein geringes war. Grund war eine schwere Krankheit der Frau des Amtsmannes.

Wiederentdeckte Kellerkultur

Immer dunkel, nicht sehr einladend und meist voller Gerümpel, eignen sich Keller auf den ersten Blick eigentlich nicht dazu, besichtigt zu werden. Angesichts der überragenden Oberstadt spielten sie bisher auch keine Rolle. Dennoch hat sich in Freistadt – dank einer Kulturinitiative – die Nachfrage nach Führungen durch einzelne Keller in den letzten Jahren etabliert. Die meisten Freistädter Kellerzugänge liegen im Tordurchgang. Da sich die Wohnräume – wie noch im Mittelalter – im ersten Stock befinden, wird privater Bereich bei den Kellerführungen nicht gestört.

■ **Oben:** Rot-Weiß-Rot in Erwartungshaltung.
Unten: Dachbodenwerkstatt.

Charakteristisch für die Freistädter Unterwelt sind hier die tiefen, in und auf harten Granit erbauten Kellerräume mit Steingewölben. Sie stammen aus dem späten Mittelalter, manche Entstehungszeit reicht wahrscheinlich sogar zurück in die Zeit der Stadtgründung. Oftmals wurden die Kellerräume in den Fels geschlagen. Die Freistädter Bürger brauchten Platz, um unterschiedlichste Handelswaren zu lagern. Die konstanten Temperaturen im Keller (um die 10 Grad) bewahrten aber auch Lebensmittel vor dem Verderben. Insbesondere das (selbst gebraute) Bier fand unter der Erde hervorragende Lagerbedingungen. Nicht zuletzt durch die alljährlich stattfindenden Denkmaltage, wo einzelne Stadtkeller besichtigt werden können, steigt das Interesse am unterirdischen Freistadt.

Der tiefere Teil des Kellers sowie die Stufen im Haus Pfarrgasse 8 sind aus dem Felsen geschlagen.

Der mit Steinmetzzeichen übersäte Keller im Haus Hauptplatz 14.

Notwendig zum Gären und Lagern

Die Aufbewahrung des Biers hatte in dem vom Bürger bewohnten Haus zu geschehen. War der Platz zu klein, konnte das Bier in einem Keller eines anderen, dem selben Bürger gehörenden Hauses oder in einem gemieteten Keller eingelagert werden (Dimt: Ordnungen).

Keller im Haus Hauptplatz 14

Der Torbogen zum Verbindungsgang in einen zweiten Keller ist mit einem behauenen Schlussstein versehen, auf dem noch deutlich *Adam Hanff 1631* zu lesen ist. Wurde der zweite Keller von Adam Hanff tatsächlich erst – wie die Inschrift sagt – 1631 errichtet? Bezieht sich dieses Datum vielleicht nur auf den Bau des Verbindungsgangs zwischen zwei schon länger bestehenden Kellerräumen aus ursprünglich zwei getrennten Häusern? Interessant sind jedenfalls die unzähligen Steinmetzzeichen in der zweiten tonnengewölbten Kellerhalle, wobei besonders die große Anzahl der Ziffer »8« im Gewölbebogen ins Auge sticht. In weit geringerer Zahl kommen auch noch die Ziffer 6 (9?), die Zeichen + und x, sowie ein auf den Kopf gestelltes T und ein spitzer Winkel vor. Wieso gerade die »8« so oft zu lesen ist, haben selbst namhafte Bauhistoriker und Archäologen nicht erklären können. Auch bei der Datierung des Tonnengewölbes und des gesamten Kellers gibt es in Fachkreisen eine ziemliche Bandbreite.

Keller im Haus Samtgasse 2

Dieser zweigeschoßige Keller ist seit zwei Jahren Programmpunkt bei Kellerführungen. Er hat ein Tonnengewölbe aus Stein und eine Größe von etwa 25 m². Zusätzlich zur Treppe in den unteren Keller führt scheinbar eine zweite schmale, in den Fels gehauene, gewendelte Stiege nach unten, bricht jedoch nach drei Metern unvermittelt ab und lässt den Besucher ratlos in einer Sackgasse zurück. Am Beginn dieser Treppe sieht man eine Ausnehmung für eine Tür – viel Arbeit wofür? Der zweite, darunter liegende Keller ist wesentlich kleiner, aber

Oben: Ein Durchgang im Keller des Hauses Hauptplatz 14, mit Inschrift *Adam Hanff 1631*.
Unten: Rätselhafte Achter im Gewölbebogen.

Ein in den Fels geschlagener Gang, der nach etwa zehn Metern endet.

umso bemerkenswerter. Erstaunlich sind die direkt aus dem Felsen herausgeschlagenen Nischen mit Rundbögen. Ein Loch am Ende eines kleinen Ganges bildet eine Öffnung zum Brunnenschacht. Für einen Lagerkeller ein unerklärlich großer Aufwand.

Keller im Haus Hauptplatz 9

Dieses Haus bietet eine regelrechte Unterwelt. Zwei getrennte Keller (ehemals zwei Häuser) sind an der Südseite durch einen schmalen winkeligen, in den Fels gehauenen Gang, der auch als Abflusskanal diente, miteinander verbunden. Auch an der Nordseite des zweiten Kellers führt ein Felsengang weg, ebenfalls zur Entwässerung. Nischenförmige Seitenteile und unterschiedliche Niveaus haben hier ein erstaunliches Kellerlabyrinth entstehen lassen.

Rotschopf, Bock und Zwickl – Braurecht seit 1363

Der Habsburger Herzog Rudolf IV., der Stifter, verlieh Freistadt 1363 das Meilenrecht. Ihm verdanken die Freistädter Bürger das Privileg, in ihren eigenen Häusern Bier brauen zu dürfen und es dort auch auszuschenken (*zu leutgöben*). Innerhalb einer Meile (ca. 7,5 km) in der Umgebung der Stadt durfte keine Brauerei errichtet werden. Ein Bürger war jemand, der *häuslich sitzt*, also ein Haus innerhalb der Stadtmauern von Freistadt besaß. Bier entstand im frühen Freistadt demzufolge in »Heimbrauereien«. Die erste Stadtordnung von 1440 legte genaue Bestimmungen für das Brauen von Bier fest. Die erlaubte Biermenge pro Bürger wurde aufgrund der Größe seiner Liegenschaft und seiner Steuerleistung festgelegt. Aufgrund des intensiven Handelsverkehrs war Freistadt immer gut besucht und das Bierbrauen und der Verkauf waren eine der bedeutendsten Einnahmequellen der Stadt. Im Jahr 1525 gab es insgesamt zwölf Sudhäuser in der Stadt, die Anzahl ging bis 1637 auf fünf und später auf zwei Brauhäuser zurück.

Der Keller im zweiten Untergeschoß des Hauses Samtgasse 2 ist vollständig aus dem Felsen herausgeschlagen.

Die Eingangshalle der Brauerei.

Im 18. Jahrhundert kam es aufgrund von Qualitätsmängeln zur Unzufriedenheit der Bürger, daher wurde zwischen 1770 und 1780 ein neues Brauhaus außerhalb der Innenstadt errichtet. Der Kaufvertrag zwischen der Gemeinde und der Freistädter Bürgerschaft für das Grundstück ist noch erhalten.

Goldgelb mit Schaumkrone

Brauen ist unser Bier … ist der Werbeslogan einer der ganz wenigen noch bestehenden Braucommunen Europas, gegründet 1770. Die brauberechtigten Besitzer aller 149 Bürgerhäuser der Innenstadt schlossen sich zu einer Braucommune zusammen, die bis heute besteht. Die Einlagen der Freistädter »Braucommunisten« bestanden aus Eimern (altes Biermaß, ca. 56 Liter), wobei die Gesamtsumme (6 390 Eimer Vermögen) auf die 149 Brauinteressenten ungleichmäßig (zwischen 15 und 140 Eimer pro Haus) verteilt wurde.

Dies hat sich übrigens bis heute so erhalten, mit einem Hauskauf in der Innenstadt wird man zugleich im Grundbuch eingetragener Mitbesitzer der Brauerei. Der Besitzanteil ist untrennbar mit dem Stadthaus verbunden und nicht veräußerbar. Die »Commune« als Rechtsform ist derzeit im Handelsregister eingetragen und gilt als eine der letzten ihrer Art in Europa.

Ein Brauhaus wird transparent

Von der Straßenseite aus gesehen, steht das Brauhaus da wie ein mächtiger Block. Die zahlreichen Fensterstöcke sind aus Granit, am Rundbogenportal an der Ostseite findet sich die Jahreszahl 1777. Der hohe Schornstein verleiht dem Bau einen fabrikähnlichen Charakter. Das 1770 bis 1780 erbaute barocke, dreigeschoßige und dreiflügelige Gebäude mit Walmdach ist im Inneren mit Stichkappentonnen-, Kreuzgrat- und Tonnengewölben ausgeführt. Riesige Hallen und Lagerräume prägen den Gebäudekomplex. Im 19. Jahrhundert wurde im Südwesten ein Gebäude angestückelt.

Für die Landesausstellung 2013 »Alte Spuren – Neue Wege« dient(e) das Brauhaus als Ausstellungsfläche. Auf dem histo-

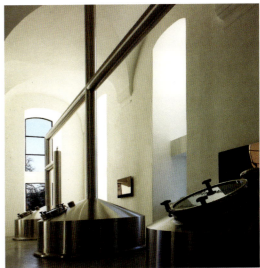

Brautechnik auf höchstem Niveau.

rischen, 20 000 Quadratmeter großen Areal kam es daher in den letzten Jahren zu umfangreichen Umbauten. Es gab große Kontroversen zwischen dem Denkmalamt und der Braucommune um den geplanten Neubau des Sudhauses. Es sollte für die Landesausstellung auch von außen einsehbar werden. Für seinen Neubau im vorderen Teil des Brauhauses hätten jedoch zwei Kellergewölbe zerstört werden müssen. Es gab einen Kompromiss, nur ein Kessel ist zum Blickfang geworden. Im Brauhaus ist seit 2012 auch ein Gasthof untergebracht.

Der Schatz vom Fuchsenhof

Im Herbst 1997 wurde nach und nach bekannt, dass in der Nähe von Freistadt, auf einem Feld des ehemaligen Sitzes Rasteinhof (heutiger Fuchsenhof) ein sensationeller Schatz entdeckt wurde. Die Fundumstände sind bis heute sehr mysteriös. Dieser fantastische Depotfund, der – wie sich herausstellte – aus dem Mittelalter stammt, wurde daher umso genauer Stück für Stück wissenschaftlich untersucht. Die Ergebnisse erschienen 2004 in Buchform, mit nicht weniger als 954 Seiten und mit zahlreichen Abbildungen und Grafiken versehen (Prokisch: Schatz).

Moderne Brautechnik in alten Gewölben.

Allein das zeigt, welch überragende kunsthistorische Bedeutung diesem Schatz beigemessen wurde. Der Fund bestand aus nicht weniger als 6 500 Silbermünzen sowie ca. 600 ebenfalls überwiegend silbernen Schmuckstücken bzw. Gusskuchen, Halbfabrikaten und »Hacksilber«.

Die wissenschaftliche Untersuchung gelangte zum Ergebnis, dass dieser Schatz zwischen 1275 und 1278 im Boden vergraben wurde. Warum, wird man wohl nie genau erfahren; aber sicher ist, die Erde diente als Versteck. Zu bewundern ist dieser Schatz im Oberösterreichischen Landesmuseum und während der Landesausstellung 2013 wird zumindest ein Teil davon in Freistadt zu besichtigen sein.

Der Malzboden, wie er in Österreich einmalig ist.

Der Keller der Braucommune – ein Werk der Freistädter Bürgerschaft.

Das Stadtarchiv

Beinahe unendlich viele Urkunden und Aufzeichnungen seit der Entstehung der Stadt sind trotz der katastrophalen Brände und zahlreichen Kriegswirren noch im Stadtarchiv vorhanden. Die Zahl der Urkunden auf Pergament oder Papier beläuft sich auf 1884 Stück, die Handschriftenreihe beinhaltet 1199 Exemplare und die Aktenbestände füllen 918 Schachteln – eine unglaubliche Zahl.

Die älteste und wohl auch die wichtigste Urkunde, die neuerliche Bestätigung des Stapelrechts durch Rudolf II. ist seit dem Ende des Zweiten Weltkriegs verschollen. Schriftstücke, die nicht laufend benötigt wurden, befanden sich im »Briefgewölbe« des Rathauses und entgingen so der Vernichtung durch die beiden Stadtbrände des 16. Jahrhunderts. Die Schlüsselgewalt über das Rathaus, das Stadtgewölbe und die Bürgerkiste oblagen dem Bürgermeister, einem Ratsmitglied und einem Geschworenen. Betrat der Bürgermeister das Stadtgewölbe, mussten mindestens vier Zeugen anwesend sein und nur der Bürgermeister und der Stadtschreiber waren autorisiert, in die kisten [zu] greifen, darin zu suchen und zu besiegeln.

1944 wurde der Archivbestand in das nahe gelegene Schloss Rosenhof bei Sandl ausgelagert. Das Schloss wurde 1945 von russischen Truppen beschlagnahmt und die Archivalien »delogiert«. So manches ist seitdem nicht mehr auffindbar. Besonders schmerzt, dass die Privilegienurkunde von 1277 seit dieser Zeit verschollen ist. Nach dem Krieg wurde der Bestand vorübergehend wieder nach Freistadt zurückgeführt. Diese Dokumente werden seit 1947 im Oberösterreichischen Landesarchiv in Linz verwahrt.

Das Stadtarchiv Freistadt, untergebracht im Oberösterreichischen Landesarchiv in Linz.

Nicht alle Schätze offenbaren sich den Besuchern Freistadts so selbstverständlich wie ihre Fassaden. Für den heutigen Wohnstandard sind manche alten Bauteile Segen und Fluch zugleich, etwa die bis Mitte des 20. Jahrhunderts als Stallungen verwendeten Hinterhäuser. Es gibt aber eine Menge Beispiele, die darlegen, wie sich in alten Wohn- und Wirtschaftsräumen zeitgemäßes Wohnen realisieren lässt, also modernes Leben in altem Gemäuer ohne Zerstörung der alten Bausubstanz möglich ist. Die restlichen Seiten des Buches füllen anonymisierte Innenansichten aus privaten Lebensbereichen der Bewohner Freistadts, denen an dieser Stelle unser herzlicher Dank für ihr Wohlwollen und ihre Bereitwilligkeit zur Kooperation gebührt. Lassen Sie sich überraschen, was für bemerkenswerte Einsichten uns gewährt wurden!

Hinter Mauern und Fassaden

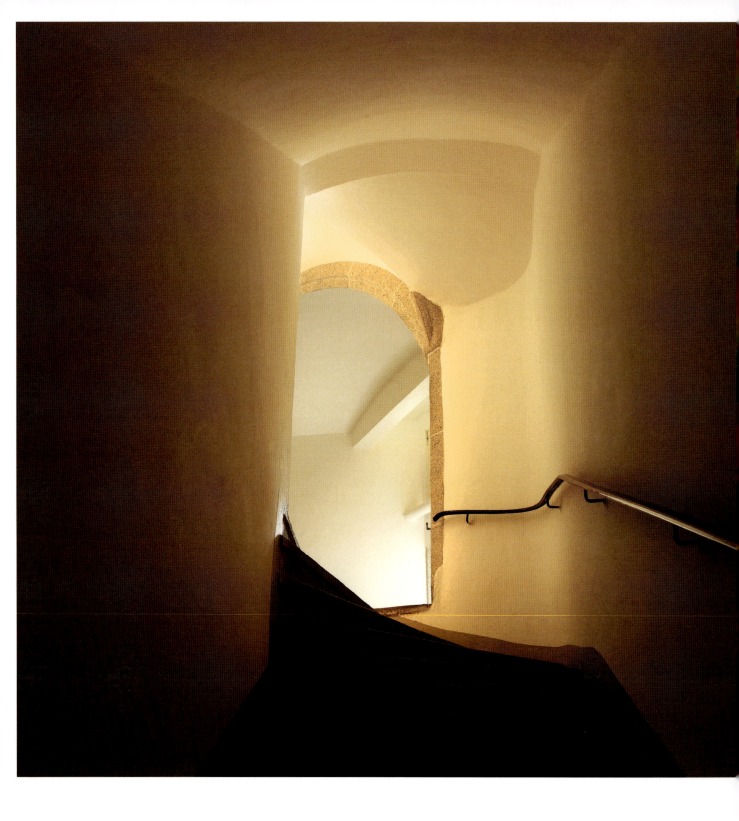

Dank

Bei allen Personen, die in irgendeiner Form mitgeholfen haben, dieses Buch zu realisieren, möchten wir uns an dieser Stelle herzlich bedanken! Sie alle hier anzuführen, ist nicht möglich, aber Folgende möchten wir nennen:

Klaus Birngruber, Jiri Bloch, Thomas Dimmel, Klaus Elmecker, Flora Fellner, Erhard Fritsch, Carin Fürst, Christian Hackl, Hedwig Haghofer, Helmut Haider, Renate Heidinger, Christian Hilber, Renata Jachs, Thomas Just, Andreas Käferböck, Willibald Katzinger, Thomas Kühtreiber, Franz Mayrhofer, Fritz Mayrhofer, Davide Paruta, Juliane Peterbauer, Herbert Pointner, Bernhard Prokisch, Kurt Reiss, Hubert Roiß, Christian Ruhsam, Rudolf Scharizer, Manfred Schmitzberger, Lothar Schultes, Wolfgang Stadler, Emmi Tönjes, Edwina Victora, Helmut Walchshofer, Josef Weichenberger sowie die Baufirmen Putschögl, Holzhaider, Leyrer + Graf mit ihren hilfsbereiten MitarbeiterInnen, das Stadtamt mit Bauamt und Bauhof und nicht zuletzt die vielen wohlwollenden HausbesitzerInnen und MieterInnen.

Wesentliche Anregungen und Hilfestellungen kamen von Fritz Fellner vom Schlossmuseum Freistadt und seinem Team. Die Diskussionen mit Othmar Rappersberger waren essenziell. Aber vor allem war es Michaela Swoboda, die einen wesentlichen Anteil an diesem Buch hat, danke, liebe Michi!

Und nicht zuletzt ein großes Dankeschön an Gerald Klonner, Anja Zachhuber und Tanja Kühnel vom Verlag für das Vertrauen und die hervorragende Zusammenarbeit.

O.R. und C.H.

Michaela Swoboda
Vischers Vermessenheit
Ein historischer Roman
192 Seiten, 13,5 x 21,5 cm,
Hardcover, Lesebändchen
ISBN 978-3-7025-0701-5
€ 22,95

Literatur

Zusätzlich zur unten angeführten Literatur wurden auch Veröffentlichungen des OÖ Landesmuseums, des OÖ Landesarchivs, des Stadtarchivs Linz und des Bundesdenkmalamtes berücksichtigt.

Alpi, Hildegard: Die Geschichte des Bürgerspitals zu Freistadt, OÖ von seinen Anfängen bis zum Ende des sechzehnten Jahrhunderts. Dissertation, Graz 1951.

Arndt, Hans: Freistadt, das Herz des Mühlviertels. Grundlagenstudie zu den städtebaulichen, wirtschaftlichen und baupflegerischen Aufgaben der Stadt Freistadt im Mühlviertel – Oberösterreich. Dissertation, Technische Universität Graz, 1952.

Awecker, Hertha: Die Stadtwaage und das Waagamt in Freistadt. In: Freistädter Geschichtsblätter Nr. 3, 1952, S. 4ff.

Dehio Oberösterreich, Band 1, Mühlviertel, Horn 2003.

Dimt, Heidelinde: Die »Ordnungen« von Freistadt. Studie zur Entwicklung einer landesfürstlichen Stadt. Freistädter Geschichtsblätter, 1979, Heft 6, Seite 5ff.

Etzlstorfer, Hannes: Carl Kronberger. Ein Maler der kleinen Tragödien und artigen Possen, 1841–1921. Freistädter Geschichtsblätter, Heft 9, 1991.

Fellner, Fritz: Die Befestigungsanlagen von Freistadt. Manuskript 2011 für Materialien zur Geschichte der Stadt Freistadt, Heft 4.

Gmainer, Florian: 160 Jahre Braucommune Freistadt, Freistadt 1937.

Gruber, Elisabeth: Städtische Verwaltungspraxis im spätmittelalterlichen Freistadt (OÖ): Eine Bestandsaufnahme. In: Mitteilungen des OÖ Landesarchivs, Band 22, S. 183ff, Linz 2011.

Gruber, Elisabeth: »… von erst ist geschehen ain gemaines aussgebn miteinander«. Öffentliches Bauen in einer österreichischen Kleinstadt im Spätmittelalter am Beispiel der Stadtgrabenrechnung Freistadt 1389–1392, Dissertation Salzburg, 2001.

Grüll, Georg: Das Stadtarchiv in Freistadt und seine Geschichte. In: Mitteilungen des OÖ Landesarchivs, 3. Band, S. 39ff, Graz 1954.

Grüll, Georg: Freistädter Chroniken, in: Freistädter Geschichtsblätter Nr. 3, 1952, S. 18ff.

Grüll, Georg: Die Stadtrichter, Bürgermeister und Stadtschreiber von Freistadt, in: Freistädter Geschichtsblätter, Heft 1, 1950.

Heuwieser, Max: Traditionen des Hochstifts Passau. Neudruck Aalen 1969.

Huber, Wolfgang: Die Sanierung des Hauses Hauptplatz 2 in Freistadt – ein denkmalpflegerisches Modellprojekt. In: Denkmalpflege in Oberösterreich mit Jahresbericht, Linz 2002, Seite 24ff.

Just, Thomas: Beiträge zur Frühgeschichte der Stadt Freistadt, S. 32ff in: Prokisch, Bernhard (Hrsg.): Der Schatzfund von Fuchsenhof, Weitra 2004.

Linzer Tages-Post Nr. 102, 4. 5. 1880.

Mecenseffy, Margarethe: Zwei evangelische Städte und ihre Ratsbürger, Freistadt und Steyr im 16. Jahrhundert, Wien 1952.

Mentschl, Christoph: Studien zu den Rechtsquellen der landesfürstlichen Stadt Freistadt von den Anfängen bis zum Ende des 14. Jahrhunderts. Staatsprüfungsarbeit, Wien, 1986.

Mühlviertler Heimatblätter Jg. 2 (1962), H. 9/10, S. 5. Reiseschilderung Eichendorff

Nößlböck, Ignaz: Die großen Brände zu Freistadt in den Jahren 1507 und 1516. in: Freistädter Geschichtsblätter, Heft 2, 1951, S. 64ff.

Nößlböck, Ignaz: Die Entstehung der Pfarre und die Baugeschichte der Katharinenkirche in Freistadt. In: MIÖG 54, 1942, S. 319.

Nößlböck, Ignaz: Die Entstehung Freistadts in Oberösterreich. Linz 1924. Sonderabdruck aus dem 80. Jahresberichte des OÖ Musealvereines.

Opll, Ferdinand: Mappe Freistadt, in: Österreichischer Städteatlas, 4. Lieferung, Teil 1, Linz, Wien 1991.

Preuenhueber, Valentin: Annales Styrenses, Nürnberg 1740.

Prokisch, Bernhard u. Kühtreiber, Thomas (Hrsg.): Der Schatzfund von Fuchsenhof. Studien zur Kulturgeschichte von Oberösterreich Folge 15, Linz 2004.

Rappersberger, Othmar: Freistadt einst und jetzt in Wort und Bild, Fotos Peter Knoll, Weitra 1993.

Rappersberger, Othmar: 100 Jahre F. F. Freistadt, 1870–1970, Festschrift, Freistadt 1970.

Rappersberger, Othmar: Die Freyung/Freiung in der Stadt Freistadt zwischen der Pfarrkirche und dem Rathaus. Unveröffentlichtes Manuskript.

Ruhsam, Otto: Turntobel, archaeo-fields, die entdeckte Skulptur, 2002–2006, www.turntobel.com

Ruhsam, Otto: Das WSG-Haus beim Böhmertor in Freistadt. Ein Gebäude mit wechselvoller Geschichte, Freistadt 2011.

Scharizer, Rudolf sen.: Häuserchronik Freistadt aus Urbaren, Grundbüchern, Kirchenmatriken, usw. (1. Hälfte 20. Jahrhundert).

Scharizer, Rudolf, sen.: Die Landesfürstliche Burg zu Freistadt. Heimatgaue Jg. 11, S. 64ff, 1930.

Schicht, Patrick: Buckelquader in Österreich. Mittelalterliches Bauwerk als Bedeutungsträger. Petersberg, Michael Imhof Verlag, 2011.

Schultes, Lothar: Gotische Flügelaltäre in Oberösterreich. In: Gotik Schätze Oberösterreich, 2. Aufl., Weitra 2002.

Schuster, Max Eberhard: Das Bürgerhaus im Inn- und Salzachgebiet, Tübingen 1964.

Ulm, Benno: 700 Jahre Stadtpfarrkirche Freistadt, 1288–1988 in: Freistädter Geschichtsblätter Nr. 7, 1988, 1. Teil (Mittelalter).

Ulm, Benno: Das Mühlviertel, Salzburg 1971.

Wirmsberger, Ferdinand: Regesten aus dem Archive von Freistadt in Österreich ob der Enns. Wien, K.K. Hof- und Staatsdruckerei, 1864.

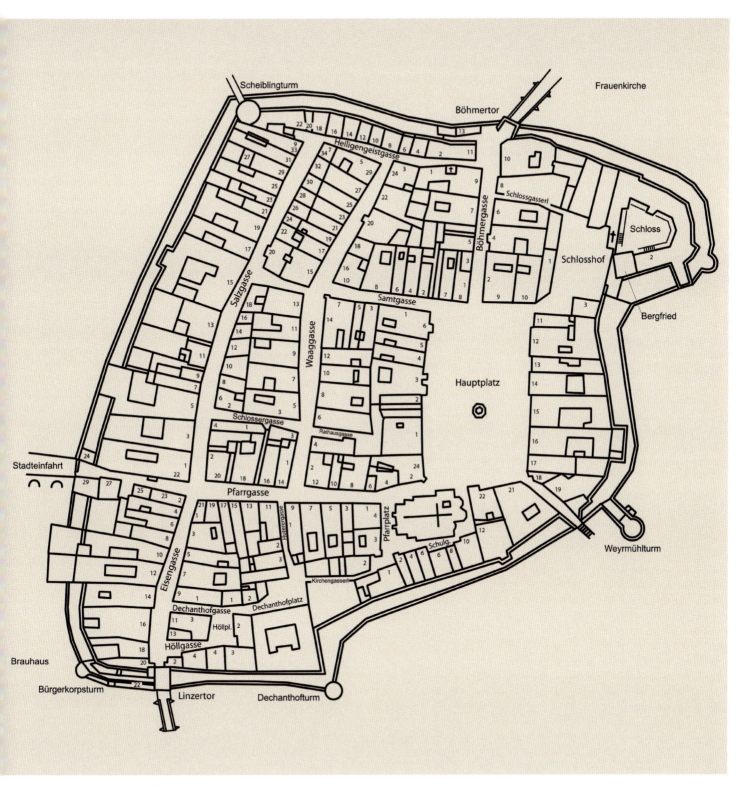

Die Altstadt innerhalb der Stadtmauern.

FREISTADT

OTTO RUHSAM · CHRISTIAN HOFSTADLER

PŘÍLOHA V ČEŠTINĚ

VERLAG ANTON PUSTET

Od osídlení u Nordwaldu k obchodnímu centru

Kdy přesně vznikl Freistadt? Touto otázkou se zaměstnáváme již dlouho, a přesto dosud nebyla nalezena jednoznačná odpověď. Podle topografických pozorování a zeměpisných pojmenování je možné usuzovat, že bylo jádrem pozdějšího Freistadtu původní osídlení kolem nynější Salzgasse/Solné ulice. Jako centrum fungoval Alte Burg/Starý hrad (dnes Salzhof/solnice) se sídlištěm Prägarten (slovo slovanského původu: »předhradí«). Dále existovalo na řece Feldaist sídliště Zaglau. Objeví-li se najednou v oblasti malých sídlišť začátkem 13. století označení »Frei(e) Stadt« (= svobodné město), latinsky »libera civitas«, muselo se přihodit něco mimořádného. V kronice »Tradice pasovského kláštera« (1200-1220) je zmiňován »Ulricus de libera civitate«. Ve vydání z let 1220-1240 se objevuje »Hemma de libera civitate«. To dokazuje, že se nejednalo čistě o babenberské město, ale že se zde projevil i vliv Pasovských. Odkazem na šlechtický rod Babenberků je však jejich pásový štít (stříbrný pás na červeném poli), který je od 13. století městským znakem Freistadtu.
Velký obrat nastal v roce 1277. Smrt Přemysla Otakara II. v bitvě u Jedenspeigenu na Moravském poli umožnila vzestup habsburského krále Rudolfa I. Jeho potvrzení práva skladního, uděleného freistadtským občanům v roce 1277 (propůjčeného babenberskými vévody Leopoldem VI. a Friederichem II.), dokazuje, že chtěl město úzce svázat se svým panstvím. Hospodářský rozkvět nebylo od této chvíle možné přehlédnout.

Ochranný pás po celá staletí: městský příkop, parkánová hradba, městská zeď

Dobře zachované opevnění Freistadtu ukazuje velmi zřetelně dřívější obranyschopnost města. Kdo nebyl vítán, neměl šanci do města vstoupit. Přes raný vznik počátkem 13. století lze však stavbu městských zdí z hlediska stavebně historického datovat až do 14. a 15. století. První písemný doklad městského opevnění pochází z roku 1337. Zvláště je třeba zmínit ručně psanou listinu, uloženou v městském archivu, která přesně popisuje výstavbu městského příkopu 1390-1393:
Aussgab auff das Gepey des Stattgraben Zu der Freystadt von 1390 biss auff das 1393 Jar. Bringt die Summe 1353 Pfund […].
Tak vznikla vnější zeď, která probíhala po obvodu městského příkopu. Na vnitřní straně k městu byl příkop ohraničen vnější městskou zdí - parkánovou hradbou. Za ním se nacházel parkán a pak až byly vlastní vnitřní městské hradby. Všechny zdi byly postaveny z žulového lomového zdiva. Vnitřní městská zeď byla v základech silná téměř 2 metry a vyplněná štěrkem. Za střílnami se nacházel ve výši 5 metrů obranný ochoz, na který bylo možné vystoupit po dřevěných schodech. V jednom místě je možné si dokonce prohlédnout cimbuří, které se dochovalo na východní straně dnešního Centra mládeže vedle zámku. Za vnitřní městskou zdí byl volný prostor až k prvním městským domům – tzv. »Reihe«. Tyto domy musely být směrem k tomuto prostoru uzavřeny, nesměly tedy mít dveře ani okna. Přes tento nezastavěný prostor se mohli muži v případě obrany města rychle dostat ke věžím a k ochozu.

Linecká brána – impozantní vstup do města

Cestující přicházející z Lince uvítala na jihu starého městského jádra dominanta Freistadtu, Linecká brána, která je spolu s Českou bránou nejstarší stavbou městského opevnění. Freistadtský stavitel a kameník Mathes Klayndl upravil kolem r. 1485 bránu v pozdně gotickém stylu. Na to, že byl Freistadt nejdříve ve vlastnictví Babenberků a patřil od roku 1282 Habsburkům, upozorňuje hrdý nápis nad průchodem – císařsko-královské zemské knížecí město Freystadt.

V době baroka byla věž nahoře na sedle příkré klínové střechy korunována ještě barokní cibulovou věžičkou (s lucernou) a větrnou korouhví, která přispívá k současné smělé výšce 28 metrů.

V případě nebezpečí mohl být u Linecké brány zdvižen padací most, jak je patrné z dochovaných úzkých dlouhých štěrbin v čelní stěně. Obdobná situace je zřejmá i u České brány.

Česká brána – monumentální bašta proti severu

Masívní kamenné zdi se střílnami a brána, uzavíratelná ještě dodatečně padacím mostem, tak očekával Freistadt své – ne vždy vítané – návštěvníky. Obchodníci, kteří cestovali po staré obchodní stezce z Čech k Dunaji, později cestující na říšské silnici Linec – Praha, nově na státní silnici číslo 125, projížděli na své cestě Freistadtem. Ačkoliv původní podobu vstupních bran neznáme, jsou obě tyto věže nad branami nejstaršími stavbami městského opevnění. S jejich stavbou bylo započato již při zakládání města. Česká brána (Böhmertor, také Behaimtor nebo Pehenerturm) byla dříve nazývána Spital(s)tor/Špitálská brána, jelikož byl městský špitál až do 15. století umístěn před branou vedle kostela Frauenkirche. Poloha vedle tohoto kostela byla důvodem pro další pojmenování, a to »Frauentor«. Na městském plánu z roku 1743 lze nalézt i jméno »Budweisertor/Budějovická brána«. Mohutná stavba na nás udělá dojem především svými obrannými zařízeními. Střílny se rozprostírají do výše tří pater, které je pro jejich neobvyklou velikost (zevnitř zjevnou) možné označit jako střelné komory.

Zámek, sídlo freistadtských pánů

V období mezi rokem 1363 a 1398 byl postaven Nový hrad, »Nový dvůr«, který posílil obranná opevnění města a umožnil i vytvoření reprezentativních prostor pro panstvo. Jako místo pro stavbu zámku s tzv. bergfritem, tedy mohutnou věží, která dominuje městu, byla vybrána planina, jež se svažovala směrem na sever a východ a byla dosud slabinou městského opevnění.

Nový zámek sloužil zemskému knížeti jako správní úřad freistadtského panství. Panský správce zde měl většinou také své bydliště.

Vnitřní zámecký dvůr se zámeckou kaplí

Bývalá zámecká kaple byla vysvěcena v roce 1497. Nachází se nad průchodem mezi vnějším a vnitřním zámeckým dvorem a dovnitř lze vstoupit pouze po schodech z vnitřního zámeckého dvora.

Dnes už kaple neslouží liturgickým účelům a je součástí zámeckého muzea. Návštěvníci si zde mohou prohlédnout velkolepou sbírku maleb na zadní straně skla z doby mezi 1770 a 1930. Výstup na věž – bergfrit – by měl absolvovat každý! Pohled na Freistadt a okolní kopcovitou krajinu Mühlviertelu je jedinečný. Žádné výmluvy, pozvolné stoupání jednotlivými prostory muzea na ochoz ve výši 35 metrů není zdaleka tak namáhavé, jak se zdá. V každém z devíti pater zámecké věže je prohlídka exponátů (dohromady asi 24 000 kusů) Mühlviertelského zámeckého muzea vítanou a zároveň poučnou pauzou pro nadechnutí.

Solnice – pravděpodobně nejstarší stavba Freistadtu

Až do 14. století tvořil tento komplex budov Starý zámek. Z hrazeného sídla s venkovskou zástavbou podél cesty, (zřejmě již z 12. století), se později vyvinul Freistadt. Stavba sloužila zemskému knížeti i ostatním majitelům panství jako správní budova a ubytovna. Po výstavbě nového zámku na severovýchodním cípu města se z budovy v Salzgasse/Solné ulici stal v r. 1395 Starý zámek – Starý dvůr.

Budova byla v následujících staletích používána jako sklad soli, a to pod názvem das »Kayserlicher Salzstadel/Císařská solná stodola« (1648). Salzhof/solnice si své jméno uchovala, přestože se zde od roku 1832 již sůl neskladuje. Sůl se totiž později přepravovala z Lince do Českých Budějovic po nově otevřené koněspřeže a solnice tak ztratila svou funkci. Císařský solný úřad ji v roce 1850 prodal. Návštěvníci solnice se mohou těšit nejen na hudební zážitky, nýbrž i – en passant – na zajímavé detaily historické budovy z minulých století. Své uplatnění zde nalezlo i současné umění, umístěné v této architektonicky zajímavé monumentální budově.

Hlavní náměstí – městské a tržní centrum

Při vjezdu na náměstí z obou směrů upoutal (a upoutává dodnes) obchodní cestující vždy jako první pohled na mohutnou kostelní věž. Tato věž stojí přesně v průsečíku obou vjezdových silnic Pfarrgasse/Farní ulice a Böhmergasse/České ulice na nejvyšším místě velkého, pravoúhlého náměstí. Působivá, volná plocha náměstí s 6500 metry čtverečními je dnes lemována chrámem svaté Kateřiny/Katharinenmünster, radnicí, bývalým piaristickým domem, okresním soudem a honosnými měšťanskými domy. Přes hlavní náměstí se nejen procházelo, bylo totiž i velmi živým tržištěm starého obchodního města Freistadtu. V dobách trhů zde panoval pestrý a čilý ruch, který vrcholil koncem ledna a začátkem února mezinárodním obchodním trhem sv. Pavla, nazývaným »Pauli-Markt«, který trval 14 dnů. Na sever se vozila především sůl z bavorsko-salcburské oblasti a později ze Solnohradska. Obchodovalo se také se železem a železným zbožím ze Steyru. Až do 18. století byl Freistadt střediskem obchodu se solí a železem mezi dunajskou oblastí a Čechami, což dokazují i jména ulic »Salzgasse – Solná ulice« a »Eisengasse – Železná ulice«. Dalším důležitým obchodním zbožím a zdrojem příjmů bylo pivo. Také ryby z Čech, sklo a hedvábí z Benátek a nitě z Freistadtu byly důležitými výrobky. Tehdejší (první) radnice se stejně jako dům radního nenacházela přímo na náměstí, nýbrž v dnešní »Schulgasse - Školní ulici« čp. 12 za vnitřní městskou zdí. Reprezentativní prostor před ní – místo pro úřední úkony – byl tzv. Freiung. Tento prostor je od novověku opět zastavěn. Trh začínal znamením na tyči - »Freyungszeichen«, které existuje dodnes: Znamení města Freistadt je možné si prohlédnout v Zámeckém muzeu. Skládá se ze spirálovité tyče se zalomenou paží s mečem a plechovým praporcem, na kterém je dvojitá orlice a městský znak.

A radnice?

V roce 1635 se přestěhovala ze Školní ulice/ Schulgasse 12 přímo na náměstí do domu číslo 21 (nyní soudní budova) a později, v roce 1850, do Zinispanova dvora/Zinispanhof na náměstí čp. 1, kde se nachází dodnes. Tento dům patřil totiž od začátku středověku do roku 1473 rodině Zinispanově a nesl proto ještě dlouho jméno »Zinispanhof/Zinespanhof«.

Soud a Stará radnice

Freistadt bylo zemské knížecí město a jako takové podléhalo v soudních záležitostech bezprostředně zemskému knížeti. Soudní pravomoc vykonával buď sám zemský kníže nebo jeden z jeho zástupců, ke kterým náleželi i zástavní majitelé panstva Freistadtu. Správa města a tzv. nízká soudní pravomoc příslušela městské radě. Ta se skládala z Vnější rady, v jejímž čele stál městský soudce, který se staral o soudní pravomoc, a z Vnitřní rady v čele se starostou, jejíž úkolem bylo zabývat se správou města.

Hlavní náměstí, 1635–1850 bývalá radnice, potom soud

V roce 1635 si mohlo město dovolit zakoupit renesanční palác v bezprostřední blízkosti radnice, jelikož se jeden z potomků Joachima Stangla příliš stavěl na odpor protireformaci, dům byl zkonfiskován a levně nabízen ke koupi. V tzv. kancelářské budově/Kanzleigebäude byly umístěny kanceláře správy radnice. Tato budova je se svým sousedním domem a kostelem zlatým hřebem jižní strany náměstí.

Chrám Páně pro vzkvétající město

Na nejvyšším místě města bylo okamžitě po jeho založení velmi cílevědomě započato se stavbou kostela jako dominantou jižního cípu hlavního náměstí vedle (bývalé) radnice. V odpustkové listině z roku 1288 je první zmínka o »farním kostele«. Na sklonku 13. století byl postaven jako třílodní románský kostel s půdorysem ve tvaru latinského kříže, ve 14. a 15 století byl nádherně přestavěn v gotickém stylu a rozšířen na pětilodní baziliku. Doba baroka přinesla několik stavebních změn, než byl kostel ve 20. století z velké části opět upraven do původní gotické podoby. Východní chór byl v letech 1483 až 1501 nově vystavěn freistadtským mistrem kameníkem Mathesem Klayndlem, který ho vybavil pozoruhodnou, mistrně provedenou dynamizovanou síťovou žebrovou klenbou. Jedná se o nejranější dokonale provedenou monumentální žebrovou klenbu Horního Rakouska s bohatě spletenými, prostorně umístěnými žebry z kruhových oblouků, které vytvářejí ve vrcholu klenby zaoblené žebrové hvězdy. Dynamika klenebního tvarosloví je zřetelně patrná i z vícevrstvých přesahů šnekovitě stočených žebrových profilů. V 18. století zde vytvořil Johann Michael Prunner přestavbou kostelní věže jednu ze svých posledních barokních mistrovských staveb. Věž je vybavena místností, ve které původně pobýval věžný.

Kostel P. Marie/Liebfrauenkirche

Kolem r. 1300 byl na severovýchodě města, mimo jeho brány, postaven vedle špitálu malý kostel, který byl poprvé zmíněn v roce 1345. Roku 1361 shořel a v roce 1426 byl zničen husity. Nakonec byl kostel obnoven v gotickém slohu.

Domy města opakovaně podléhaly požárům

Je doloženo, že už před velkými požáry města v letech 1507 a 1516 ve Freistadtu často zuřil oheň. Až do 15. století zde existovala celá řada dřevěných staveb, takže oheň mohl městu značně škodit.
Jedním z raných odkazů na ničivý požár ve Freistadtu nacházíme v tzv. Continuatio Sancrucensis secunda z roku 1252 (v Bavorském státním archívu); v latině je zde uvedeno, že »po Velikonocích tohoto roku bylo celé město zničeno ohněm tak, že nezůstal ani jeden dům obyvatelným. Mnoho lidí mělo přijít o život«. Až do července 2012 byla tato poznámka jediným důkazem. Mezitím však byly zjištěny hmotné doklady, které propůjčují jmenované listinné zmínce z Bavorského státního archívu o požáru v roce 1252 nový význam. Vedle velkých požárů města v letech 1507 a 1515 se objevuje další ničivý požár, podložen dvojím archeologickým datováním sutě po požáru, která byla objevena při vykopávkách kvůli obnovení odpadních kanálů.

Střechy z Innsbrucku ve Freistadtu?!

Na počátku 16. století nařídil císař Maximilian I. ve městech podél řeky Inn a Salzach vystavět požární zdi po stranách domů, aby mohlo být zabráněno šíření požáru. Stěny čelní strany domů byly vyzděny do výše a hřebeny střechy byly umístěny co nejnížeji tak, že štíty domů za ním zmizely.

Tímto zvláštním stavebním způsobem se z bývalých sedlových střech staly střechy spádované do úžlabí doprostřed.
Úzké meziprostory u domů, které vznikaly také už ve středověku, tzv. »Reihen« nebo »Reichen« sloužily dále svému účelu, a to i jako požární ochrana. Později však byly na čelní straně domů většinou zazděny, což přispělo k vytvoření souvislých linií uličních průčelí.

Domy a fasády

Měšťané stavěli na odiv svůj úspěch. Nejlépe je prohlédnout si okázalé detaily z určité vzdálenosti. Proto také nepatří domy v úzkých uličkách k nejhonosnějším, nýbrž ty na náměstí, které patřily nejbohatším měšťanům. Kostel a radnice byly přirozeně postaveny v dominantních polohách hlavního městského prostoru. Řada vnitřních dvorů je vkusně vyzdobena podloubími, sloupy a klenbami a některé z nich jsou rovněž přístupné veřejnosti. V posledních letech byla stále častěji věnována pozornost sklepům, byly zkoumány a některé z nich je možné projít v rámci prohlídky.

Rotschopf, Kozel a Zwickl – právo vaření piva od r. 1363

Habsburský vévoda Rudolf IV., iniciátor, propůjčil Freistadtu mílové právo. Jemu vděčí Freistadtští za privilegium vařit pivo ve svých vlastních domech a také ho zde čepovat (»zu leutgöben«). Občanem města byl ten, kdo »domácky seděl«, tedy vlastnil dům za městskými hradbami Freistadtu. Pivo se tedy původně ve Freistadtu vařilo »v domácích pivovarech«. Od této chvíle bylo pivo pro Freistadt důležitým zdrojem příjmů.

V 18. století došlo kvůli nedostatečné kvalitě k nespokojenosti obyvatel, proto byl v období let 1770 – 1780 zřízen nový pivovar mimo vnitřní město. Tato »komuna« jako právní forma existuje dodnes, je zanesena do obchodního rejstříku a poslední svého druhu v Evropě. Pivovarská komuna ve Freistadtu je největším pivovarem v Mühlviertelu.

Zemské výstavě »Staré stopy – nové cesty« 2013 poslouží pivovar jako výstavní prostor.
V historickém, 20 000 m^2 velkém areálu došlo proto v posledních letech k rozsáhlé přestavbě. Je možné si z vnějšku prohlédnout jeden z varných kotlů. V pivovaru je také od roku 2012 umístěna pivovarská restaurace.

Stadteinfahrt – vjezd do města
Brauhaus – pivovar
Bürgerkorpsturm – Věž občanské gardy
Linzertor – Linecká brána
Dechanthofturm – Věž děkanského dvora
Weymühlturm – Věž Weymühle
Bergfried – bergfrit
Schloss – zámek
Schlosshof – zámecký dvůr
Böhmertor – Česká brána
Scheiblingturm – Věž Scheibling (kulatá)
Pfarrgasse – Farní ul.
Salzgasse – Solná ul.
Eisengasse – Železná ul.
Schulgasse – Školní ul.
Böhmergasse – Česká ul.
Hauptplatz – hlavní náměstí

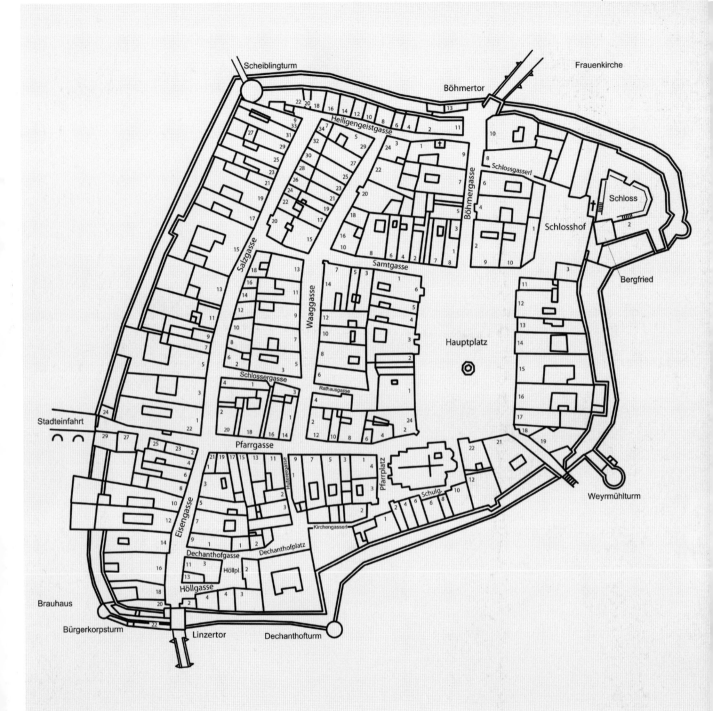

Otto Ruhsam, Christian Hofstadler
FREISTADT
© 2013 Verlag Anton Pustet, 5020 Salzburg, Bergstraße 12
Übersetzung ins Tschechische: Renata Jachs
Coversujet: Christian Hofstadler; Stadtplan: Schlossmuseum Freistadt
Sämtliche Rechte vorbehalten. ISBN 978-3-7025-0696-4
www.pustet.at